LES PEINTRES NÉERLANDAIS
DU XIXme SIÈCLE

3

SOCIÉTÉ FRANÇAISE
D'ÉDITIONS D'ART
L.-HENRY MAY
RUE SAINT-BENOÎT. 9 & 11

LES PEINTRES NÉERLANDAIS

DU

XIXème SIÈCLE

LES PEINTRES NÉERLANDAIS

DU

XIXème SIÈCLE

ÉDITÉ SOUS LA DIRECTION

DE

MAX ROOSES

Conservateur du Musée Plantin d'Anvers.

Traduction de GEORGES EEKHOUD.

PARIS

SOCIÉTÉ FRANÇAISE D'ÉDITIONS D'ART

L. HENRY MAY

ÉDITEUR DES COLLECTIONS QUANTIN.

Imprimerie à vapeur Amst. Boek- en Steendrukkerij, v/h. Ellerman, Harms & Co., Amsterdam.

TABLE DES MATIÈRES.

TABLE DES PLANCHES HORS TEXTE.

ANTOINE MAUVE

PAR

A. C. LOFFELT.

Chevaux au pâturage, d'après un tableau appartenant à M. J. C. J. Drucker à Londres.

ANTOINE MAUVE.
1838—1888.

Je songe souvent à Mauve et à son art aux fluides et blondes colorations argentées, au printemps ou au commencement de l'été lorsque je fais entièrement ou en partie ma promenade favorite de Clingendaal à Wassenaar, promenade bien connue de tout habitant de La Haye. La grisaille éthérée châtoye et rayonne souvent comme du satin; le sol est tapissé de ce fin gazon d'un vert tout particulier qui croît dans les dunes; les petits arbres grêles, bouleaux ou hêtres, arborent encore leur feuillage printanier. Le plus souvent, à moins que le vent ne souffle du nord ou du nord-est, une sorte de duvet velouté, un voile fin et transparent, est suspendu au dessus du paysage et confond tous les objets dans le plus harmonieux et le plus féerique des ensembles. Et alors, si le hasard veut qu'un paysan soit précisément en train de labourer, de herser ou de fumer sa glèbe, il semble qu'on se promène dans une galerie des Mauve les plus prestigieux. La chaîne de dunes blondes qui borne si harmonieusement la perspective forme un fond on ne peut mieux approprié comme si la mère Nature elle même se complaisait inconsciemment à réunir une galerie-Mauve. Peut-être taxera-t-on de bizarrerie cette tendance de ma part à entremêler l'art et la réalité; mais cette confusion ne plaide-t-elle pas précisément en faveur du peintre qui est parvenu à hanter à tel point, de son art, l'admirateur de la nature, qu'aux yeux de celui-ci toute une "expression" du paysage hollandais est devenue désormais inséparable d'un art qui s'appliqua à interpréter ce paysage?

De même, aux bords de l'Oise je songe continuellement à Daubigny, et dans la forêt de Fontainebleau à Diaz. Errant dans les environs de Hooghalen, il me semblait feuilleter un album d'Hobbema. Mauve préférait entre toutes, une nature comme celle évoquée plus haut. Ainsi tout véritable artiste accorde ses modèles, figures ou paysages, avec son caractère et son orientation d'esprit. Le vigoureux Roelofs, le crâne et toujours vert Weissenbruch affectionnent les polders smaragdins et pleins de sève, les éblouissants miroirs des fossés et des étangs. Van de Sande Bakhuyzen moins exubérant, le philosophe bien équilibré, communie le mieux avec les opulences dorées et les chaudes maturités d'un beau jour d'automne. Willem Maris ne participe ni de la douce

Feuille d'étude.

morbidesse de Mauve, ni de la robustesse des autres que je viens de nommer. Il pratique son art avec une joie calme et sereine, et entre tous les aspects de la nature il choisit ses moments de jeunesse, de fraîcheur et de radieuse fécondité. Et Jacob Maris? Il est le Rembrandt des paysagistes néerlandais contemporains. Il agrandit, il magnifie, il pare de toutes les splendeurs de sa vision personnelle le moindre germe qu'il a surpris dans la nature. Il est bien plus romantique qu'on ne le suppose généralement, et aussi pur "réaliste" que Rembrandt. Il se rapproche du Ruysdael de la *Vue près de Wijk-bij-Duurstede* et du *Cimetière juif*. Et par la gloire de ses nuages Maris rivalise avec la poésie de Byron. Aussitôt que Mauve se fut retrouvé lui même dans la

Près du fossé, d'après un tableau appartenant à Mr. J. C. J. Drucker à Londres.

nature, il se plongea de préférence dans l'atmosphère des dunes et des bruyères. Tantôt il hantait Schéveningue et ses environs, tantôt les sablons situés plus à l'intérieur du pays. Ainsi il vécut longtemps dans une ferme appelée Kranenburg, près de Dekkersduin, dans le voisinage de Loosduinen, un site créé pour lui: des dunes blondes séparées par des vallons dont de petites vâches et des moutons laineux broutent le gazon d'un vert tendre. C'est là que le peintre découvrit avant tout un des motifs favoris qui caractérisent sa peinture: notamment ces misérables cabanes adossées aux dunes où de petites femmes auxquelles les privations ont donné un air vaguement mystique, gardent quelques moutons ou une chèvre, ou mettent du linge à blanchir. Cette vieille avenue de Meerdervoort qui conduisait à Kranenburg était, avec son peuplier gigantesque à mi-chemin, encore une promenade ravissante, où le peintre De Bock a, lui aussi, pris maint croquis au pastel. Hélas! l'aspect de la terre s'enlaidit, est-on souvent tenté de croire. Les poétiques environs de Kranenburg ont été profanés et gâtés depuis par l'établissement d'un tramway à vapeur. La civilisation se comporte en barbare à l'égard de la belle nature! Mauve goûta dans la ferme en question une véritable vie d'artiste. Bien longtemps après, quand nous nous promenions dans les environs il me parlait encore de ce séjour enchanteur. Il y faisait particulièrement exquis au printemps lorsque, près d'Houtrust, la nature se réveillait et que frênes et tilleuls ouvraient leurs bourgeons pourpres ou vert-tendre et que les lis des vallées et les roses des dunes se remettaient à tapisser le sol. Les pétales rouges et transparents pleuvant des tilleuls, flottaient comme des esquifs de sylphes sur un ruisselet jailli des dunes. Si j'insiste sur ce séjour à Kranenburg c'est encore parce que le peintre y contracta cette prédilection pour cette gamme de couleurs d'où devait sortir ce qu'on appela "l'école du gris", école d'art à laquelle nous devons quelques uns des meilleurs tableaux du maître et de ses élèves qui parvenaient à rehausser ces grisailles d'un éclat rappelant celui de l'argent et mieux encore l'orient des perles fines.

Reportons nous aux années de Mauve antérieures à l'époque de Kranenburg:

Le peintre naquit le 18 Septembre 1838 à Zaandam, où son père était pasteur anabaptiste. Bientôt le digne homme obtint une situation plus importante à Haarlem. Dès son enfance Antoine montrait beaucoup de goût pour le dessin. Ces dispositions devenant de plus en plus impérieuses le jeune Mauve résolut d'obéir à sa vocation. Peu de parents intelligents se montrent favorables d'emblée au choix de semblable carrière, car ils savent que la voie de l'artiste est semée de chausses-trapes et de pièges à loups, et que dans nulle autre profession il y a si peu d'élus sur tant d'appelés. Au surplus la famille Mauve n'était point fortunée et il fallait donc aussi envisager la prosaïque question du pain quotidien. Mais comment s'opposer au désir d'un garçon avide de se plonger au sein de la Nature et d'en devenir le confident et l'interprète enthousiaste? Le père comprit qu'il n'y avait rien en son Antoine d'un homme pratique et bourgeoisement terre à terre; que sa nature poétique

Dans la Bruyère, d'après un tableau appartenant à Mr. J. C. J. Drucker à Londres.

et rêveuse le rendrait incapable de devenir jamais une roue ou un écrou utili-
sables dans le vaste engrenage de la vie prosaïque. Le père et le fils con-
clurent un accord amical: Antoine avait été autorisé à devenir peintre à
condition de conquérir simultanément son diplôme de maître de dessin; de
sorte que s'il ne réussissait pas à vendre ses tableaux il pourrait toujours
gagner honorablement ses croûtes en donnant des leçons. L'avenir démontre-
rait que malgré sa bonne volonté, la conception qu'Antoine se faisait de l'art
du dessin ne concordait pas avec celle des commissions d'examen. Aussi il en
coûta au jeune artiste, si poétiquement doué, de tracer des lignes sèches et
correctes. et de se confiner dans la froide représentation des choses, afin de
décrocher ce fameux diplôme. Pour lui ces études représentaient une amère
pilule à avaler! On raconte et la chose est fort probable, que souvent il

Vachère. d'après un tableau.

éclatait en sanglots et se sentait prêt à renoncer pour toujours à sa carrière
plutôt que d'y entrer au prix de si rebutantes épreuves. Dès ce moment la
sensibilité de Mauve lui faisait sans doute saisir plus vivement la nature que
la forme correcte des choses. Il y avait en lui une sorte d'impressionisme
humoristique. qui devait demeurer jusque dans la fin de sa carrière d'artiste
une des caractéristiques de ses oeuvres. Il serait difficile de déterminer jusqu'à
quel point il s'est trouvé sous ce rapport, sous l'influence des côtés naïfs de
l'art d'Israëls. Le fait est que Mauve admirait profondément Israëls et que
sous maint rapport les deux artistes étaient ce que les allemands appellent
des *verwandte Geister* (des esprits jumeaux). Même à l'époque où Mauve était
devenu un homme célèbre et universellement fêté, dont l'art notamment en
Angleterre. était coté au plus haut prix, il lui revint plus d'une fois que cer-

tains collectionneurs n'étaient pas tout à fait satisfaits de ses bergers, de ses moutons, de ses chiens ou de ses vaches. Il est à remarquer toutefois que plusieurs de ses confrères hollandais mettent précisément au dessus de ses dernières œuvres, les figures de sa première manière, qu'il peignait complètement selon son propre sentiment et où, au gré des puristes de la ligne, il sacrifiait peut être trop la forme, au type et au caractère. Les collectionneurs anglais les plus connus, Staats Forbes, sir John Day, Alexander Young prisent davantage, contrairement aux peintres en question, les œuvres de la mâturité de Mauve. Il est curieux de constater que les cinq dernières années de sa vie Mauve s'efforçait d'arriver le plus possible à la correction anatomique et à la beauté

Moutons rentrant à la bergerie, d'après un tableau.

classique. Je crois pouvoir attribuer ce souci à l'influence de Millet, dont il étudiait alors les œuvres avec une fervente admiration et une vive sympathie dans une importante collection de photographies qui étaient devenues ses dieux lares. Peu de temps avant qu'il allât se fixer à Laren, je passai une soirée chez lui avec le paysagiste Bastert, et il nous montra plein, d'un enthousiasme idolâtre, des figures d'hommes et d'animaux du sculptural Millet.

A Haarlem Mauve eut pour professeur l'animalier Van Os qui ne se montra que médiocrement satisfait de son fantasque élève. Il lui reprochait surtout se répugnance à achever les œuvres. L'excellent mais très prosaïque peintre de vaches dont les tableaux polis et luisants, fabriqués selon le goût du jour, se vendaient comme du pain, ne pourait évidemment comprendre que son élève aspirât vaguement à une union plus intime entre l'Art et la Nature et ne trouvât aucune satisfaction à blaireauter et à lécher des tableautins dénués de tout intérêt et qu'il ne voyait pas le moyen d'améliorer par la technique chère a son maître.

Mais il fallait aviser au moyen de gagner de l'argent afin de vivre et de pouvoir continuer ses études. Antoine se mit donc, quoique à centre-cœur, à fabriquer aussi des tableautins assez coquets et proprets pour pouvoir figurer dans un salon hollandais parmi des meubles polis comme des miroirs. Naturellement ces productions trahissent l'influence de Van Os et portent le style d'une époque avec lequel Mauve devait rompre plus tard. On rencontre encore parfois de ces tableaux dans des ventes; même un connaisseur parviendrait difficilement à y retrouver un Mauve.

Quelle jouissance, le matin où, la bourse légère mais le cœur dispos, il prit, le bâton à la main, le chemin d'Oosterbeek. A cette époque ce village ne représentait pas encore un amalgame de villas sans caractère peuplé de rentiers assommants, mais bien un endroit agreste aux riantes maisons rustiques entourées de jardinets, avec des collines, des sentiers capricieux se perdant dans les cultures, des vallons ensoleillés, etc.; donc un séjour sans artifice et d'une joie sereine, précisément ce qu'il fallait à un peintre tel que Mauve. A cette époque Oosterbeek était le Barbizon de la Néerlande. La civilisation n'y avait pas encore pénétré, on n'y offrait pas encore en vente du terrain à bâtir; le villageois se contentait de sa chaumiere et cultivait du grain et du seigle, des pommes de terre et des choux à l'endroit où s'élèvent à présent d'inutiles et déplaisantes villas. Le grossier tramway à vapeur n'y faisait pas encore entendre ses ronflements et ses cloches, sous les futaies de hêtres longeant la chaussée d'Arnhem à Zeist. On pouvait encore prendre plaisir à Oosterbeek aux mélodieuses sonnailles, des nombreux troupeaux de moutons qui ont presque entièrement disparu aujourd'hui de même que les bestiaux non moins pittoresques. Le vénérable Bilders était alors le Wotan de cette adorable villégiature de la Gueldre. Ses yeux de peintre n'admiraient pas seulement les chênes inposants mais aussi les plantations de choux verts comme l'émeraude ou violets comme la pourpre. Bilders me conta un jour que c'était un champ de choux qui, lorsqu'il était jeune, lui avait fait préférer à d'autres une maison du village, et c'est aussi là, qu'il vint plus tard... planter ses choux. C'était le cas de le dire. Depuis, de nombreux peintres passèrent la belle saison à Oosterbeek. Le nestor et le mentor de la colonie était ce si vivant et si militant Bilders; avec sa mine guerrière il représentait assez bien l'ancien régime. Il avait servi comme volontaire en Belgique et il était tout fier de sa croix d'honneur. Il tenait, comme un vieux de la vieille, à revivre ses batailles en les racontant. Les Anglais disent *to fight his battles o'eragain*. Naturellement Mauve se lia intimement avec le brave Bilders et avec son fils, un jeune peintre donnant les plus brillantes promesses, mais qui devait être prématurément emporté!

De même que la forêt de Fontainebleau s'enorgueillit de ses arbres et bouquets

Vaches sur la route. à Drenthe.

d'arbres historiques, Wolfhezen près d'Oosterbeek était fier de ses „chênes de
Wotan." Mauve m'entretenait bien souvent, par la suite, des splendeurs de
cet endroit si romantique, avec sa pittoresque bergerie et ses sapins séculaires.

Feuille d'étude.

Bilders me conta un jour la légende de ces soi-disant chênes de Wotan. La plupart des admirateurs des beautés naturelles de notre sol les auront vus ou du moins en auront entendu parler, et comme ils appartiennent à l'époque romantique de notre école de peinture, il convient de leur accorder un souvenir en passant. Ils représentent une groupe d'arbres noueux et en partie desséchés, sans doute les survivants séculaires d'une chênaye vénérable et touffue, d'une véritable forêt. Ces arbres se dressent dans un ravin naturel, formé par le ruisseau qui prend sa source aux confins de Bilderberg et de Sonnenberg, qui longe la maison de chasse de Wolfhezen pour couler, après avoir baigné les chênes, vers Heelsum et Renkum, où les fabricants de papier se l'approprient comme force motrice. Les amants de la Nature, les artistes et aussi les excursionnistes en partie de pic-nic, font le pélérinage obligé aux chênes de Wotan et contemplent non sans émotion, les arbres sous lesquels on prétend que les Druides célébraient la fête de la Nature. Le familier des folk-lore évoque les prêtres à barbe grise à l'époque de la fête de Wotan — que remplace notre kermesse — il se les représente détachant avec leurs faucilles d'or, le gui mystique, plante sacrée lorsqu'elle a crû sur le chêne. Hélas! ce nom de chênes de Wotan n'est pas aussi antique qu'on le croit et que le prétendent les guides ambulants ou imprimés. Il ne remonte qu'aux premières années du séjour de Bilders dans les environs. Lui même en est l'inventeur. Il fut le parrain de ces nobles arbres comme de tant d'autres de leurs confrères éparpillés dans le pays et pieusement visités et illustrés à sa suite, par la colonie des rapins. A cette époque le novice était conduit processionellement ou mieux „brouetté", par les plus anciens colons jusqu' au ravin en question. Là, on le mettait debout sur une pierre, et Bilders, le grand prêtre de la colonie procédait à son baptème avec l'eau du ruisseau. On était en pleine effervescence romantique et le nom des „chênes de Wotan" trouvé par Bilders fit naturellement fortune.

Et, néanmoins, j'oserais affirmer que ces braves chênes étaient historiquement dignes du nom que leur donna un peintre de belle humeur. Il y a une couple d'années, un de mes amis, l'ingénieur Groneman, qui demeurait à cette époque près d'Oosterbeek reçut du baron Van Brakell l'autorisation de faire des fouilles dans une colline à peu de distance des chênes de Wotan. Il présumait qu'une chapelle chrétienne s'était élevée à cet endroit, en des temps reculés;

et en effet ses présomptions se vérifièrent lors des fouilles; des cercueils en
pierre, des pierres vitrifiées et d'autres antiques matériaux de construction, des
tessons d'urnes et de cruches furent remis au jour. Comme semblables primi-
tives chapelles chrétiennes furent ordinairement érigées aux mêmes lieux où
les païens ou mieux les adorateurs de la nature célébraient leur culte — ce
choix était même dicté par la politique chrétienne — il est fort probable qu'une
tribu de Celtes ou de Germains attirée par ce fossé et le voisinage du Rhin

Rentrée de foin, d'après un tableau.

ait élu pour y pratiquer leurs rites religieux ce site si impressionnant. Et
qui oserait prétendre que les chênes de Wotan actuels ne sont pas effective-
ment les rejetons des arbres sacrés d'il y a des siècles.

„Rien n'est éternel ici bas!"

Depuis le temps où Mauve fut baptisé dans le ruisseau de Wolfhezen par
Bilders et la colonie des peintres d'Oosterbeek, (Bilders était un représentant
authentique du Druide adorateur de la nature, adepte de la divine beauté
telle qu'elle se manifeste dans la création entière; un panthéiste convaincu),

l'art a pris une autre direction, il a suivi une nouvelle mode. Oosterbeek a été abandonné par les peintres tout comme Barbizon; et Wolfhezen, Vorden, Ruurlo ont partagé son sort. En ces derniers temps il n'y avait plus que Mme Bilders-Van Bosse et Th. de Bock qui fussent demeurés fidèles au culte de la nature romantique des paysages boisés de la Gueldre.

Les arbres noueux, aux branches épaisses, les ruisseaux, les moulins à eau si pittoresques, — tout cela est momentanément passé de mode, mais retrouvera bien un jour ou l'autre la vogue et la faveur d'autrefois.

L'art aussi tourne dans un cercle vicieux et le neuf n'y est souvent que du vieux-neuf.

Des peintres que Mauve connut à Oosterbeek, c'est Willem Maris qui l'attira le plus. Il le rencontra pour la première fois dans les bois de Wolfhezen et il parcourut avec admiration ses albums de croquis. C'était enfin là du dessin comme lui même eût voulu en faire, large et impressionnant, plein de caractère. Remarquons qu'à cette époque Willem Maris ne sacrifiait pas encore autant la plastique à l'effet de lumière et à la caractéristique rêveuse de nos "visionnaires" hollandais.

Mauve frayait beaucoup aussi avec le jeune Bilders. Aussi lut-il avec beaucoup de ferveur les lettres et souvenirs du jeune artiste si généreusement doué que publia J. Kneppelhout appelé le Mécène d'Oosterbeek. L'étroite parenté existant entre les deux jeunes artistes est attestée par le livre de Bilders et l'art de Mauve. Mais dans sa peinture le premier cherchait dans ses tableaux à interpréter des effets de soleil plus chauds et plus éclatants, conséquence, sans doute, de ses voyages d'études à l'étranger, notamment en Suisse et en France; tandis que Mauve devait s'affirmer plus franchement et plus exclusivement hollandais. Pour bien se rendre compte du caractère et de la manière du maître il n'est pas inutile de savoir ce qu'il lisait de préférence. Je revois toujours la modeste étagère de livres dans la véranda de sa maison du Zuid-Oost-Buitensingel, que les vieux habitants de la Haye appelaient aussi "arbres aux hiboux". De nos auteurs hollandais s'alignaient sur cette étagère à côté des deux petits volumes de Bilders, des romans de Hildebrand, Cremer, Heering, Hollidee, (Rovers), Werumeus Buning, Hans Andersen et plus d'un ouvrage de Multatulli. Il était grand admirateur de Shakespeare, qu'il lisait dans les traductions de Moulin et A. S. Kok. En ses jours d'allacrité Mauve se montrait un véritable humouriste. Il avait un talent de mystificateur à froid et de pince-sans rire. D'autres fois, l'expression de sa physionomie était irrésistible. L'humour, a-t-on dit fort justement est une exubérance d'esprit mais d'une intellectualité supérieure et exempte de toute pédanterie. Mauve aurait pu devenir un excellent acteur tant était saisissante sa façon de typer, d'imiter, d'extérioriser les personnages qu'il mettait en scène dans sa conversation. En

---

Il y a quelques années on admira à une exposition un beau tableau de Mme Bilders représentant les chênes de Wotan, au coucher du soleil.

La sortie des moutons, d'après une aquarelle.

ces moments il se préoccupait médiocrement de beauté plastique et d'exactitude anatomique.

L'hiver Mauve vécut quelques années à Amsterdam, où il travaillait activement à transposer en de savoureux tableaux ses petites études estivales. Mais ces tableautins ne lui rapportaient pas encore grand'chose. D'ailleurs ils n'avaient pas grande originalité. Ce n'est que plus tard et graduellement qu'il devait s'élever au-dessus des conventions de ce temps. L'expérience prouve qu'il n'y a pas de meilleur moyen pour se conquérir un rang flatteur dans le monde artiste. Israëls, les Maris, Roelofs, Mesdagh, Weissenbruch qui tous peignent si largement et si spontanément ont d'abord commencé par produire de petits tableaux consciencieux jusqu'à la minutie, souvent peu originaux, qui ne ressemblent en rien à leurs œuvres ultérieures. Beaucoup de jeunes d'à présent s'efforcent d'arriver d'emblée à la hauteur de ces peintres à la „manière large" et, en apparence, négligée; mais n'ayant point eu le courage d'apprendre leur métier depuis les notions les plus élémentaires ils paraissent destinés à ne produire jamais que des embryons ou même des avortons d'œuvres d'art. Il leur manque l'indispensable technique. Ils furent trop paresseux ou trop présomptueux.

L'été le jeune peintre résidait parfois à la Haye et à Scheveningue. Cette station balnéaire représentait encore à cette époque une blonde harmonie de couleurs. Les hotels et villas de proportions modestes et rustiques présentaient une grande variété de teintes discrètes: le blanc, le vert et le rose pâle, le jaune, le gris, qui s'accordaient avec le ton des dunes et de la plage, avec la flore des sablons, la couleur de la mer, celle de l'eau et de l'atmosphère légèrement brumeuse. Pour un œil de peintre Scheveningue a perdu tout son attrait: De lourdes bâtisses en briques sombres et grises, d'innombrables tours et flèches bâtardes, des digues et des quais gris, de froides routes carrossables.... sic transit gloria mundi, — tout cela pour la plus grande joie des entrepreneurs, des actionnaires et des allemands des villes hanséatiques.

Scheveningue prêtait autrefois au peintre matière à autant de scènes tristes que de sujets riants. Parmi ces derniers je me rappelle tel épisode de la vie rustique et maritime, au milieu d'un troupeau de petits ânes présentant toute la gamme des gris, se caressant et se lutinant comme des enfants espiègles dans la chaude lumière du soleil.

Par contre les vieux et maigres chevaux chargés de traîner les lourdes péniches sur l'estran, vous inspirent une mélancolie poignante. Que les pauvres bêtes ont l'air épuisé et minable, tandis qu'à la faveur d'un instant de répit elles allongent misérablement l'échine et laissent tomber la tête vers le sol, jusqu'à ce que le fouet, la bride, et les vociférations infernales des pêcheurs les aient contraintes à de nouveaux efforts au dessus de leurs forces. A ce spectacle les étrangers doivent se demander comment il peut exister si lamentables souffre-douleurs, si la société protectrice des animaux n'a point d'autorité en Hollande, ou si tout sentiment de commisération et d'humanité a été proscrit

A SUPPRIMER

du cœur de nos populations maritimes. Sans doute il est arrivé que le peintre
ait un peu forcé la note et ait apporté quelque exagération dans la caractéristique de ces pitoyables haridelles. Mais en ce cas la charge est encore le fait
d'un artiste poétique : ces chevaux n'excitent pas le dégoût ou l'horreur ; ils
arracheraient des larmes à maint ami des animaux qui souhaiterait en outre
de pouvoir les rencontrer dans la réalité afin de pouvoir les racheter à leurs
tortionnaires et de leur assurer confortable écurie avec généreux picotin.

Je ne connais presque rien de plus tragique et de plus poignant dans ce
domaine que six ou huit tableaux de Mauve consacrés à cet enfer des chevaux.
Deux de ces toiles se trouvent encore en Hollande, l'une chez les héritiers de

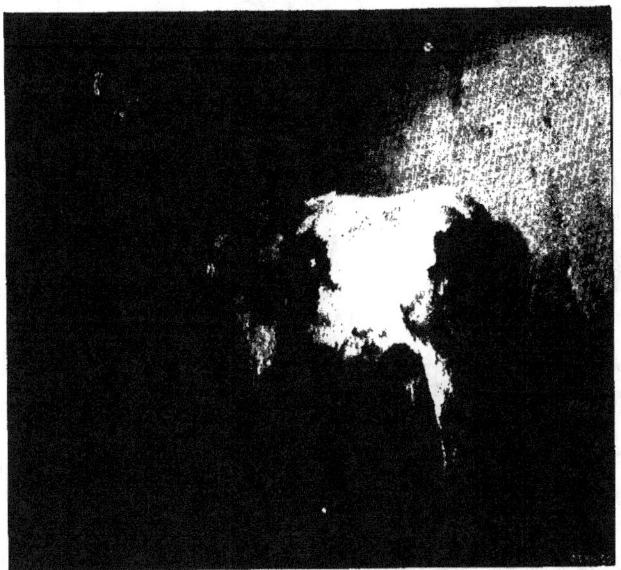

Vache à l'étable, d'après un tableau.

Mme Van den Santheuvel à Dordrecht, l'autre au musée communal de la
Haye. On y a l'impression que toute la Nature où Mauve a placé ces stations
du calvaire des animaux compatit au sort de ses infortunées créatures et partage même leur supplice.

C'est à La Haye que Mauve fit la connaissance de celle qui devait être sa
femme, une personne charmante, accomplie sous tous les rapports, parée de
toutes les séductions et appartenant à une famille très musicienne.

Femme d'autant de culture que de goût Mlle Carbentus était tout à fait la
compagne qui convenait à un artiste de la sensibilité de Mauve. Elle devait
être l'ange de son foyer, son baume et sa consolation aux jours d'énervement,

d'irritation et d'humeur sombre si fréquents dans la vie d'un génie si exalté et
si impressionnable. Leur union fut bénie par la présence de quatre enfants qui
ne contribuèrent pas moins que leur mère à procurer au peintre cette diversion
bienfaisante si nécessaire après des journées de tension morale et de surmenage.

Il s'assimilait leurs pensées et leurs sentiments naïfs et se reposait en leur
conscience et en leur candeur. En leur présence et à leur intention Mauve se
montrait le cordial humouriste dont nous parlions plus haut. Aussi furent elles
essentiellement heureuses les nombreuses années qu'il vécut dans sa maison du
Zuid-Oost-Buitensingel vis à vis de ce Palais des Arts et des Sciences où, aussi
musicien que sa femme, il se délectait avec
elle de plus d'un concert donné par la société
Diligentia. Au surplus Mauve était un
homme d'intérieur, ne se trouvant nulle part
mieux que dans son atelier, sa vaste et confortable verandah, ou dans son riant jardin
très spacieux encore quoique son atelier en
eut englobé une partie. Ses amis Arts, Ter
Meulen, Bastert, Tholen, Versteeg, son beau
frère Le Comte et nombre de ces confrères-
amis y passèrent plus d'une heure hospitalière.
Quelques années auparavant, en 1873, lors
d'une de ces crises de mélancolie qui lui
rendaient la vie si pénible et le travail
impossible, il passa quelques semaines à
Godesberg sur le Rhin. Comme il plaisantait
avec verve les beautés naturelles de cette
contrée tant vantée! Cela n'empêche que
cette nature de boîte à jouets, que ce musée
de couleurs, eût agi sur lui comme une
potion calmante. „Ah la vie paisible et
paresseuse qu'on menait là bas! racontait-il
à ses amis. Il n'y avait rien d'émouvant
dans cette nature: il n'y avait qu' à aller

Étude.

se coucher tranquillement sur une colline: qu' a se promener, manger, boire
de temps en temps un verre de vin de Rhin rafraîchissant, pour se rétablir
et retrouver la santé sans faire d'autre effort." Il n'est pas étonnant qu'un
artiste foncièrement hollandais comme Mauve, habitué à la perspective délicate
et à la tonalité blonde de notre paysage, ne pût sympathiser avec les collines
étroitement délimitées, les vignobles symétriques, les ruines aussi coquettes que
les villas, qui servent de motif et d'accessoires décoratifs au théâtre estival
du vieux Rhin.

Le soir il s'amusait à tenir, pour les enfumer, au dessus d'une lampe, des
assiettes de porcelaine blanche et il tirait des taches noires et grises résultant

de cette opération, effaçant ici, ajoutant un trait de crayon en un autre endroit, d'étranges et capricieuses fantaisies, des peintures blanc et noir, universellement admirées et que se disputaient les pensionnaires de l'hotel et du *Kurhaus*. Tous désiraient garder sous cette forme un souvenir du célèbre et si sympathique peintre hollandais; à telle enseigne que bientôt on ne trouva plus une assiette blanche dans tout le village.

En ses bons jours Mauve trouvait aussi moyen d'amuser les siens et les commensaux de son foyer. Invariablement il retenait à souper les amis qui étaient venus le soir faire un bout de conversation avec lui. S'il se trouvait un gastronome parmi ces convives, l'amphytrion prenait un air affairé, donnant à croire à de grands préparatifs culinaires. Mauve toutefois était assez économe de sa nature et n'avait rien de ces bohèmes qui jettent l'argent par portes et fenètres. A l'occasion d'un de ces soupers le peintre ne cessait de courir fiévreusement de l'office et du garde manger à la cuisine et à la cave, s'informait des gâteaux et des tartes, commandait du champagne et des crûs recher-

chés, déplorait le retard de la glace destinée à frapper le vin mousseux; jusqu'à ce qu'enfin on annonçât que ce plantureux festin était servi. Or la table ne montrait qu'un morceau de fromage flanqué d'un pain frugal, le beurrier, une assiettée de „biscotes", deux ou trois pommes, autant de poires, et. comme friandise extra, un petit pot de confiture anglaise dite *jam*. Faute de glace et ne pouvant donc frapper le champagne, on se contenterait pour cette fois de piquette ou de *toddy*.

Etude.

Dans ces dispositions Mauve se montrait comme Yorick *a fellow of infinite jest, of most excellent humor*.

Durant son séjour à La Haye, Mauve se promenait beaucoup dans les environs de la ville, étudiant en ces occasions les laiteries avec leurs vâches, les sentes rustiques, les mares bordées d'arbres, la nature des dunes ou la plage. Dans son carnet de croquis il se bornait à tracer quelques traits caractéristiques, d'une simplicité classique et pourtant très suggestifs de la couleur des objets qu'il voulait se rappeler. Cela lui suffisait pour en tirer, avec le concours de sa brillante imagination, un tableau merveilleux ou une aquarelle pétillante de vie.

Quelque temps après le décès du maitre, M. Tersteeg, représentant de la maison Goupil (Boussod, Valadon et Cie) de Paris, organisa à La Haye et à Londres une exposition de ces crayonnages tirés des carnets de Mauve. Ces pochades permirent aux amateurs d'art de constater combien Mauve sentait et pénétrait rapidement la beauté, le caractère de ce qu'il voulait peindre. Sous l'impression de ma visité à cette exposition, j'écrivais entr'autres dans le *Vaderland* : „La sainte alliance entre la poésie et la réalité, Mauve vient de la conclure et ceci assurera l'immortalité à son art. Si une clef était nécessaire à la compréhension de l'artiste et de ses œuvres achevées, cette clef nous serait fournie par les confidences de ses carnets de croquis. Le goût de Mauve a dû être classique au plus haut degré, vu qu'instinctivement son œil parvenait à saisir dans le paysage les lignes et les taches capables d'en établir le caractère de la façon la plus simple et la plus topique. Il était éminemment classique par sa faculté d'éliminer et de sacrifier tout le superflu. Parmi ces esquisses il en est qui expriment tout un paysage au moyen de cinq à six traits. Je me souviens entr'autres d'un terrain jonché de quelques pierres et de gravats, au dessus duquel vibre une atmosphère striée de deux traits à la craie blanche. Ce n'est presque rien et cela donne de l'immensité de la nature une idée plus saisissante que ne le ferait un tableau de grande dimension de la plupart des peintres où la Nature se mesurerait aux proportions de la toile. Les pochades les plus rapides nous parlent de la fraîcheur et de l'intimité de la Nature: on y respire le plein air. Aussi le caractère des petits bouleaux y est toujours rendu avec un sentiment très fin et un goût inné! C'est avec délices qu'on suivrait le petit sentier le long d'une haie, sur un autre dessin, on se prend presque à envier cette figure de rustre courant parmi la futaie, la pipe à la bouche. Un paysage plus poussé présentant une quantité d'arbres de même

Etude.

ton vert, étale un sol si riche de couleur, un terrain si mouvementé qu'on voudrait s'y étendre, bercé par le bourdonnement des insectes. Que le lecteur ne se méprenne point sur le sens que j'attache au mot „classique"; je n'entends point par là, ainsi que beaucoup d'artistes, une forme conventionelle et poncive, mais bien la loyauté et l'unité de la vision, que je tiens pour la base immuable de toute véritable poésie. Mauve est classique jusque dans son humour. Ce n'est pas ce côté névrosé, compliqué et grimaçant qui rend l'humour si souvent intolérable, mais bien, comme je le disais plus haut, une impression d'exubérance spirituelle où rien ne trahit la recherche ou l'effort. De l'exubérance et aussi de la supériorité; c'est à dire quelque chose des dispositions dans lesquelles l'artiste se trouve devant la nature. N'est-il pas le confesseur et le maître de celle-ci? Il la rend encore plus intense et plus sublime. Naturellement cette supériorité l'artiste la doit à la nature même qu'il interprète: la nature l'inspire, elle demeure la source de tout art. Rappelons-nous à ce propos le profond passage du *Conte a'Hiver* de Shakespeare:

Yet nature is made better by no mean
But nature makes that mean: so, o'er that art
Which you say adds to nature, is an art
That nature makes.

Si Mauve était classique en ce qui concerne la façon la plus simple d'exprimer le type et le sentiment, dans ce que son art offrait de sobre et de simple, certes il ne l'était pas, au sens grec de ce mot, dans l'application de ses connaissances anatomiques de l'homme et des animaux. Je ne puis ni ne veux prétendre par là que Mauve péchait par une prédilection exagérée pour le sentiment humoristique et le type caricatural, par un impressionisme excessif

Le labour, d'après une aquarelle.

ou un dessin un peu lâche et sommaire, mais dans tous les cas les dernières œuvres de Mauve attestent qu'il cherchait à se perfectionner, même sous ce rapport. Comme je le disais plus haut, son admiration pour le dessin des figures de Millet, l'a peut être induit à pousser plus loin lui même le souci des belles formes. A la vérité c'est un art aussi que celui qui consiste à rendre des types en les déformant, mais en ce cas le dessin se rapproche de la *charge* et la *charge* est certainement un art d'ordre inférieur. Les rustres, les veaux, les moutons, les chevaux, les chiens que Mauve peignait autrefois ne ressemblaient point aux êtres enfantés par une création essentiellement harmonieuse, mais, pour parler connue Hamlet ils semblaient l'œuvre „d'un ouvrier (artistique) qui ne les avait pas bien faits." A cette exposition de ces esquisses de Mauve on en remarqua d'une époque plus récente, entr'autres un homme avec une brouette et un homme (partie d'un groupe) récoltant des pommes de terre, où on constate visiblement l'influence de Millet sous le rapport du souci des formes vraies et de l'anatomie exacte. Parmi les disciples et les fervents de Mauve j'en rencontrai qui déprécient précisément ces dernières œuvres du maître pour exalter certaines inexpériences que l'on rencontre accidentellement dans quelques unes de ses productions antérieures. A mon avis ces admirateurs là ont la vue malade ou bien ils cherchent à justifier leurs propres défauts par les imperfections du maître. Ils sont plus royalistes que le roi. Autant préférer alors les sculptures de l'Etrurie à celles de la Grèce sous prétexte que celles-ci l'emportent par la frustesse. Certes la naïveté présente en elle même quelque chose de très attrayant à condition de ne point dégénérer en ignorance et en maladresse. Rien n'est plus absurde que de vouloir puiser dans l'ignorance, un nouvel évangile artistique. Ces évangélistes-là seraient capables de préférer le balbutiement à la parole 1).

C'est je crois pendant l'été de 1883, que Mauve alla s'installer pour une longue période à Laren, dans le Gooi, le savoureux village entre Amsterdam et Utrecht, visité depuis des années déjà par les peintres d'Amsterdam, pour ses intérieurs antiques et patriarcaux de paysans et pour ses ateliers de tisserands. Depuis que Mauve y planta ses quartiers d'été pour s'y fixer à demeure par la suite, Laren devint une véritable colonie de peintres, et, aujourd'hui encore, nombre d'Américaines viennent y passer la belle saison. Parmi les peintres qui y séjournèrent plus ou moins longtemps, à ma connaissance, du vivant de Mauve, je citerai Valkenburg, Albert Neuhuys, Israëls, Kever, Tony Offermans, Bastert; et, au nombre des étrangers, le grand dessinateur et peintre français L'hermitte. En 1886 Mauve transporta ses lares et ses pénates pour de bon dans le Gooi, où il avait loué une charmante villa. C'était devenu un besoin, une impérieuse nostalgie pour cet amant de la nature d'aller vivre tout à fait à la campagne et dans la communion permanente avec la Nature. Le village primitif avec ses vieilles bicoques, ses tilleuls séculaires, ses bruyères mamelonnées et accidentées peuplées de troupeaux, ses gentils ruisseaux et ses sombres bouquets de sapins, baignés dans cette atmosphère gris perle et bleu pâle dont le voisinage du Zuiderzee entretient le vaporeux et hallucinant jeu de brouillards, l'avaient séduit à tel point que même la Haye, son séjour favori, ne lui disait plus rien.

A l'Exposition de la Société des arts Graphiques Hollandais en Août 1886 à La Haye, on put constater combien l'original talent du maître avait gagné en ampleur et en puissance dans cette contrée superbe et saine. On s'en aperçut notamment dans son *Jardin Potager*. Au milieu de la fraiche verdure des arbres si magistralement rendue, on aperçoit une paysanne en jaquette bleue et en bonnet blanc, en train de réunir les légumes pour son diner. La

---

1) *Het Vaderland* du 25 Février 1889.

Avenue de bouleaux près de Laren, d'après un tableau.

simplicité et la probité du modelé de cette sympathique figure ne font pas songer à peintre moindre que Millet. Avec quel goût le peintre a conjuré la monotonie du gazon, au moyen de quelques fleurs jaunes! Cette œuvre de Mauve respire une rare distinction. Par son aspiration vers la beauté idéale et le bonheur paisible cette figure s'apparente à l'art d'Albert Neuhuijs. Cette harmonie de bleu clair, de vert et de gris est merveilleuse; et en tant que procédé c'est peut être un des chef-d'œuvre de l'aquarelle aux Pays-Bas. A la même Exposition, en face de cette petite cueilleuse de haricots, on admirait le dessin capital de ce Salon, intitulé *Dans la Bruyère*. Durant les quelques années qu'il avait encore à vivre le peintre ne devait plus produire que quatre œuvres de ce genre et de ce format. Sous l'impression directe de ce dessin j'écrivis à cette époque dans le *Vaderland:* C'est un paysage d'une perspective émouvante et d'une lumière fluide et délicieuse. On peut s'y plonger des heures entières, car c'est comme si on se trouvait en présence de la nature même. Il me semble qu'un poéte pourrait écrire un poème sur la peinture comme pendant à l'ode célèbre de Dryden sur la musique; 1) car d'une création comme celle de Mauve s'exhale une harmonie assez puissante pour ramener au calme les esprits les plus agités. Les plans qui s'étendent à l'infini, les oppositions saisissantes de la couleur claire des sablons et des bruyères sombres et flétries sont rendues à la perfection. Cette „mer blanche et laineuse" (witgewolde zee) dont le poète Vondel parle quelque part ondoie dans la plaine. Les formes des moutons sont aussi belles que caractéristiques. Les groupes de sapins noirs et de bouleaux blancs à l'arrière plan présentent un contraste pittoresque. Cet admirable morceau demeura heureusement dans notre pays; il appartient à M. Servatius à Overijsel.

Hélas! lorsque la troisième exposition des aquarellistes hollandais s'ouvrit en 1888, au catalogue le nom de Mauve était encadré de deuil. Pour la dernière fois la commission avait assumé la tache du placement de l'envoi du maître et, en respectueux hommage à sa mémoire, ce treizième Salon representait presque une exposition exclusivement consacrée à Mauve. Outre un certain nombre d'aquarelles trouvées dans les portefeuilles des principaux collectionneurs du pays on avait réuni quelques dessins, fusains et pastels posthumes. Il y avait en tout dix-sept aquarelles et quinze dessins aux deux crayons. Ce fut une exposition importante et remarquable, mais bien douloureuse aussi.

Afin de donner une idée plus ou moins complète de l'œuvre de Mauve de préférence je passerais en revue tous les jolis dessins et tableaux qu'il me fut donné de voir dans le cours des années et dont je fis la critique sous le coup même de la jouissance artistique qu'ils me procuraient; mais ceci prendrait trop de place et je tomberais fatalement dans des redites, car les créations d'un même maître appellent forcément sans la plume d'invariables expressions laudatives ou de mêmes réserves ou remarques.

---

1) *Alexander's Feast or the power of music* mis en musique par Haendel.

Voila pourquoi je me bornerai à une revue d'ensemble. Durant les trente ans environ que représente son activité artistique Antoine Mauve a produit une quantité énorme de tableaux, d'aquarelles, de dessins aux deux crayons, dispersés aujourd'hui aux quatre coins de l'univers. Une infime partie seulement en est restée en Hollande. Les œuvres de Mauve étaient recherchées principalement en Angleterre, en Écosse et en Amérique. Cela s'explique par le caractère essentiellement hollandais de son art et la parenté de notre peuple avec la race anglo-saxonne, à laquelle appartiennent princi-

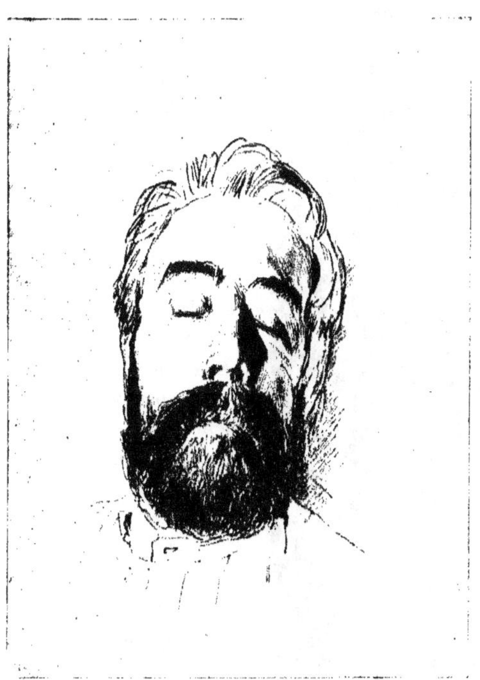

Antoine Mauve sur son lit de mort, d'après un dessin d'A. Le Comte

palement les Anglais et les Américains. La poésie de Mauve, son intimisme, la mélancolie discrète et résignée de ses paysans et de leur entourage, comme aussi l'humour du foyer et le bonheur sédentaire qu'il représenta si volontiers dans ses intérieurs et ses scènes de la campagne, ne pouvaient être appréciés et goûtés avec tant de sympathie que par des membres de la même famille.

Le peintre est connu dans l'univers entier, surtout par ses troupeaux de moutons, représentés par tous les temps, en toutes saisons, à toutes les heures de la journée et sous tous les caprices de la lumière et des ombres; — par ces moutons réunis dans un parc, ou représentés au moment où ils en sortent comme aussi à celui où ils y rentrent; par ses vaches à l'étable ou au pâturage, au bord des mares ou sous les frais ombrages; par ses chevaux attelés à la charrue ou traînant des chargements de bois, etc. etc. Mais il ne s'attachait pas seulement à la figure, il exprimait encore l'impression que leur faisait subir la lumière ou la buée.

Quel prestige dans l'éclat du soleil qu'il répand à foison sur le gazon smaragdin de ses pâturages, de ses vergers ou de ses jardins potagers; quel calme, quelle majesté, et quelle luxuriance dans cette lumière! Combien elle se joue en magiques reflets sur le pelage luisant de ses vaches; la robe de velours d'une reine paraîtrait terne comparée à la peau d'une vache hollandaise éclairée par le soleil. 1)

Il se complaisait aussi dans la peinture de la fertilité des grasses cultures que la charrue attelée de chevaux noirs ou blancs, éventre de son coutre et de son soc. Il savourait le reflet argenté de la lumière sur la croupe d'un cheval blanc, contrastant avec le violet des mottes de terre argileuse et de la buée. Il semblait souvent que l'on vit sourdre la vapeur humide de la glèbe labourée ou des flancs et des naseaux des bêtes fatiguées.

Pour ce qui concerne l'humour d'Antoine Mauve je me rappellerai toujours une aquarelle que je vis pour la première fois à une exposition de Pulchri Studio en 1881, et qui appartient aujourd'hui au mariniste H. W. Mesdag.

Novembre, d'après une aquarelle.

Elle représente une vente de bois à la campagne et elle se rapproche beaucoup de certaines pages de Hildebrand dans son *Hiver à la Campagne*. Notaire, crieurs, paysans, charpentiers de village, etc. assistent à ces enchères en affectant des airs d'indifférence. La plupart des acteurs dans ce grave évènement de la vie rurale sont vus de dos, mais telle est l'expression du dessin que l'on s'intéresse soi-même à cette scène où s'exercent à la fois la ruse et la sournoiserie villageoise. La moindre figure

---

1) Voyez plutôt un Pâturage magistral en la possession de M. le baron Van Lynden à La Haye.

accuse son cachet et sa personnalité propre et la composition d'ensemble revêt cette observation spontanée que l'on admire dans les dessins de Rochussen.

En outre la couleur et la lumière concourent à nous transporter à la campagne. Le côté pataud, anguleux et fruste des rustres hollandais, Mauve s'entendait à le rendre avec une vérité et une sensibilité frappantes. Qui ne se souvient de ses deux paysans, l'un de Gooi, l'autre d'Eemland, lisant dans une chambre mal éclairée la gazette de leurs cantons respectifs? S'il arrivait parfois au maître de charger ses modèles, du moins cette charge émanait-elle d'un esprit bien autrement profond et pénétrant que celui des caricaturistes parisiens. Celles de Mauve se rapprochaient davantage des fantaisies villageoises de Charles Keene et Randolph Caldecott.

Mauve affectionnait vivement nos petites avenues champêtres bordées de bouleaux ou de taillis, qu'il étoffait et animait généralement par un charriot à bois, un homme à cheval, une paysanne se rendant au marché ou en train de ramasser du bois. Il s'entendait à introduire dans ces blonds tableautins une lumière caressante, satinée et perlée. Nul n'attrapait comme lui le bleu si particulier et si spécial d'un sarrau de paysan! Il existe de lui des effets de neige, des bergeries ou des parcs à moutons, dont les nuances et les gradations de blancs divers désoleraient un coloriste moins subtil. Le bouleau était son arbre favori. Il en détaillait les branches et les troncs d'argent avec une piété toute particulière.

Que l'artiste se sentait heureux á Laren au milieu de sa famille, tout entier à son œuvre! Hélas, ce bonheur ne devait pas durer.

En Janvier 1888 il se sentit de nouveau en proie à une de ces crises de mélancolie noire d'autrefois. Il consulta un médecin qui l'engagea à prendre une quinzaine de jours de distraction. Il suivit ce conseil, visita quelques amis à Dordrecht et alla ensuite passer quelques jours chez son frère à Arnhem.

Il y mourut subitement le 5 février, d'une paralysie du cœur. „Ma tête est fatiguée; impossible de travailler!" avait-il dit quelques jours auparavant. Mais pareilles disposition morales et physiques s'étaient déjà prolongées autrefois durant des semaines. Dans cet état il ne pouvait rien achever et il parvenait tout au plus à brosser quelque esquisse. Et encore fallait-il pour cela que l'accès fût bénin. Ces jours là la société de ses amis lui faisait du bien. Quoiqu'il dût faire des efforts pour soutenir la conversation, sa digne femme lui ménageait en ces moments de dépression des entretiens avec des amis intimes et calmes. On le trouvait alors assis dans son atelier ou dans son jardin, la tête appuyée contre une main, regardant devant lui d'un air hagard, le front sourcilleux, les sourcils contractés: l'image même de la désolation. Il m'évoquait souvent le frontispice d'une des éditions *d'anatomy of melancholy* de Burton.

Il n'était pas facile d'arracher Mauve à ces dispositions moroses. Parfois je parvenais à le dérider passagèrement par des causeries sur mes excursions dans la Gueldre où je passais une partie de l'été, ou mieux encore en lui

Les chargeurs de bois, d'après un tableau.

parlant de ses chers Oosterbeek et Wolfhezen; parfois aussi en furetant dans ses portefeuilles de croquis et de photos. Une embellie se produisait-elle dans les ombres de son humeur, une partie de dominos achevait de lui remonter un peu le moral. Mais on n'avait entièrement raison du mal que si on parvenait à l'entrainer au dehors, le long du Canal ou des routes de Wassenaar et de Waalsdorp, là où les dunes blondes prennent un éclat si caressant et comme attendri dans l'éther bleu pâle du voisinage de la mer du Nord. Si d'aventure il avisait alors quelque vue attachante et qu'il eût oublié son carnet à la maison, il se servait d'une de ses manchettes comme de papier, et le croquis dont il la noircissait était le point de départ de l'un ou l'autre de ses chefs d'œuvre. Il lui arrivait aussi quand il était tout à fait remis de sa crise d'hypocondrie, d'arracher une page de son carnet et après avoir découpé un carré dans ce papier blanc, de me montrer comment il s'entendait à emprunter directement un tableau à la Nature sans recourir à l'imagination et à la composition. Il regardait à travers cette ouverture, puis il m'engageait à admirer de la même façon le paysage qu'il avait isolé et encadré ainsi. La simplicité de son choix lui était même presque toujours dictée par la nature même. La poésie et la pureté de son style me font songer au charme de Corot. Mais peut être le paysagiste français est-il moins original et lui arrive-t-il trop souvent de voir par les yeux de Claude.

Lorsque Mauve avait souffert un temps plus ou moins long d'un semblable accès de mélancolie, c'était comme si on avait enlevé subitement le voile sombre qui flottait sur son esprit, et alors il entrait dans une période d'étonnante lucidité et activité d'esprit favorable à la production d'une quantité d'œuvres extraordinairement belles et réussies. Un jour que je le visitai dans son atelier, à une de ces époques fécondes, il me raconta, les yeux rayonnant de triomphe, qu'il avait terminé en une semaine huit tableaux et huit aquarelles, parmi lesquels se trouvaient, bien entendu, plusieurs œuvres commencées avant son indisposition mais qu'il n'avait pu achever alors. L'inspiration et l'enthousiasme étaient revenus et le subit réveil de son génie lui permettait de communiquer à son œuvre cette vie passionnée de la Nature, sans laquelle l'art ne représente qu'une imitation frigide et insignifiante.

La nouvelle de la mort subite de Mauve 1) plongea tout le pays dans la consternation. Le peintre avait manifesté en ces derniers temps dans son art une vigueur et une maîtrise extraordinaires et il semblait que son talent dût s'élever et mûrir encore. Mauve jouissait de l'admiration générale de ses confrères et l'on peut dire de tout ce que la Hollande compte d'admirateurs d'art. Néanmoins on rencontre rarement de ses œuvres dans une maison ou dans une collection hollandaise. Lorsque Mauve s'était acquis une grande renommée en Ecosse, en Angleterre et en Amérique et que ses compatriotes commençaient à leur tour à convoiter ses œuvres, le prix de ses tableaux était

---

1) L'année d'apres le Dr. Mauve, frère du peintre, directeur du gymnase d'Arnhem mourut presque subitement aussi.

déjà devenu trop fort pour des bourses hollandaises. Au surplus, les Néerlandais n'ont jamais été grands admirateurs des beautés naturelles de leur propre pays. Hobbema et Ruysdael gagnaient à peine une croûte de pain, quand nos paysagistes dans le style décoratif italien remuaient l'argent à la pelle. Le premier n'obtint un petit emploi que par l'influence d'une ancienne cuisinière du bourgmestre d'Amsterdam et lorsqu'ils moururent lui et les siens ils furent enterrés dans la classe des indigents. Ruysdael mourut à l'hôpital de Haarlem. Cuyp était riche de naissance et par un avantageux mariage, mais il fallut les

Près de la grange, d'après un tableau.

Anglais pour nous apprendre sa valeur, à la fin du siècle dernier. S'il se trouve en Hollande quelques admirateurs de leurs contrées, l'état de leur bourse ne leur permet pas d'acquérir d'importantes toiles de maîtres. Le négociant hollandais passe la plus grande partie de ses jours dans ses bureaux et à la Bourse et préfère les montagnes de la Suisse et de l'Allemagne à l'harmonie de couleurs de son propre pays qu'il ne connait d'ailleurs qu'à peine. S'il ouvre ses salons aux objets d'art, c'est pour accueillir les toiles bigarrées et les sujets „agréables" de l'étranger.

La sympathie de notre monde artistique pour Mauve se manifesta surtout à l'occasion de ses funérailles solennelles. Qui ne se rappelle à la Haye, ces imposantes cérémonies! A la gare du chemin de fer rhénan, les parents, les amis, et des délégations de sociétés attendirent la dépouille mortelle convoyée d'Arnhem. Lorsque la bière eut été hissée sur le char funèbre et couverte des inombrables palmes et couronnes, retentirent les accords pathétiques de la marche funèbre de Beethoven, celle de la *symphonie héroïque*, jouée par la chapelle militaire et royale. Les confrères les plus illustres de Mauve, ses pairs, M.M. Mesdag, Bart Van Hove, Sadée, Artz, Gabriel et Weissenbruch tenaient les coins du poêle, en qualité des plus anciens amis du défunt. De partout affluèrent les témoignages de deuil et de vénération. En dehors de celles des parents et des amis, on remarquait les couronnes de Pulchri Studio, d'Arti, des élèves de l'académie de l'Etat. Aux coins du char funèbre étaient suspendues des guirlandes d'immortelles et de violettes et derrière ce char, une figure de la Renommée tenait une superbe palette tressée de fleurs et voilée de crêpe, hommage de M. Tersteeg de la firme Goupil. Des centaines de personnes suivaient le corbillard ou faisaient la haie. La maison d'Israels ainsi que celle de la firme Goupil, situées sur le parcours du cortége étaient fermées. Tout ce que La Haye et même les villes voisines compte d'amis des arts et d'artistes, se trouvait à cette solennité. Profondément affligés les trois petits garçons et d'autres membres de la famille du défunt se tenaient près de la tombe. Lorsque la bière fut descendue dans la fosse, Artz, président de Pulchri prit la parole. Il rappela comment, ainsi que le plupart des artistes, Mauve avait dû lutter longtemps au début de sa carrière avant de conquérir finalement une place d'honneur parmi les maîtres de son temps. Dans les dernières années tout allait bien, sa santé même paraissait rétablie, de sorte que l'on disait ou pensait de lui: „Voilà un heureux homme!" Et voilà que la foudre est tombée d'un ciel sans nuages et a refroidi la main de l'artiste génial, et lui a clos la bouche pour l'éternité. On n'entendra, ni on ne verra plus l'artiste et l'ami, mais ses œuvres vivront éternellement et son souvenir sera impérissable, M. Greive parla comme président de l'Arti, Israëls comme président de la Société de Dessin Hollandaise. Tous deux déposèrent des guirlandes sur le cercueil. „Où retrouverons-nous un Mauve?" demanda d'une voix tremblante l'illustre et vénérable Israëls.

Ter Meulen retraça à la fin ce que Mauve avait été pour ses plus jeunes confrères; un guide, un conseiller, un exemple à suivre, et cela sous le triple rapport du talent, de la conception artistique et du sentiment. Toujours les jeunes le trouvaient disposé à les soutenir. Ter Meulen remercia en sanglottant le confrère, le maître endormi pour ce qu'il avait fait pour ses cadets. M. le Dr. Mauve, recteur du gymnase d'Arnhem, chez qui le peintre était si subitement décédé remercia, au nom de la veuve et de la famille du défunt, les assistants pour les honneurs rendus à son bien aimé frère. Au préalable les enfants d'Antoine avaient encore jonché, en pleurant, la bière de fleurs et le jeune Arntz avait aussi offert une couronne au vieil et brave ami de son père. De nouveau résonnèrent les accords de la marche de Beethoven et la foule s'écoula, très émue. La veuve tant éprouvée reçut les visites de condoléance à l'hôtel „Keizershof." Personne n'aurait cru alors que cette encore jeune femme aurait déjà rejoint six ans après, le 28 mars 1894, son époux, dans la tombe.

*　*
*

Le 5 Février 1889, juste un an après la mort de Mauve, une foule d'amis et d'admirateurs du maître se réunissaient de nouveau au cimetière afin d'inaugurer le monument érigé sur sa tombe. Un petit coin poétique et paisible

Berger et son troupeau, d'après une aquarelle.

sous les arbres à l'entrée du cimetière, avait été acquis par les soins d'un comité composé des meilleurs amis de Mauve, tous membres de Pulchri Studio.

La dépouille y avait été transférée. A midi on devait inaugurer le monument et le remettre à la famille.

Ter Meulen prononça un discours dans lequel il définit avec simplicité et beaucoup de sentiment le caractère de l'art de Mauve; et il trouva dans la nature de cet art la simplicité jointe à la profondeur la garantie de l'immortalité de celui-ci. Un des principaux prestiges de l'art de Mauve réside dans le pouvoir qu'il a de nous transporter dans la paix et le repos de la nature: c'est là un mérite rare et précieux à notre époque d'épate et de trompe-l'œil, un mérite qui parle éloquemment à toutes les âmes poétiques.

Vermeulen remercia tous ceux qui avaient contribué à l'érection de ce monument, principalement celui qui en avait fait le projet, Mr. Le Comte, de Delft, beau frère de Mauve. Ensuite on enleva le voile et on aperçut le bloc de granit élevé sur un tertre de gazon sous les ombrages des bouleaux et des sapins. On n'a poli que la face de devant sur laquelle on lit en lettres et sous une étoile d'or:

ANTOINE MAUVE.

1838—1888.

Ses amis et admirateurs.

Le tout présente un aspect rustique et fruste en harmonie avec le défunt et son art. Le petit bouleau sous lequel il repose a été transporté de Laren où il croissait non loin de son atelier. C'est l'un des arbres du bouquet qui figurait sur la première des grandes aquarelles qu'on admira si vivement lors de l'exposition de 1886 de la Société de Dessin Hollandais.

Mais... Mauve n'est point mort. Lorsqu'il nous arrivera de parcourir les avenues agrestes plantées de gentils bouleaux frileusement enveloppés dans leur écorce blanche; ou si nous voyons scintiller et s'étendre la lumière sur les pâturages smaragdins et sous les saules, les aulnes et les noisetiers, ou en entendant résonner les sonnailles au cou des vaches paissant dans la bruyère, nous nous dirons toujours: „C'est ici que Mauve continue à vivre!"

MADAME BILDERS-VAN BOSSE

PAR

AUGUSTA DE WIT.

Avenue de hêtres, d'après un tableau appartenant à Mme Kneppelhout, Hemelsche Berg. Oosterbeek.

MADAME BILDERS-VAN BOSSE.

Quelques noms font l'effet de la dominante d'un accord — il suffit de toucher cette note pour que les sons apparentés se mettent à vibrer aussi en une harmonie discrète qui semble répondre à un appel.

Le nom de Bilders-Van Bosse est un de ces sons évocateurs; et l'écho harmonieux qui y répond est la Veluwe, le paysage de bruyères de bouleaux blancs et de solitude, rendu si agréablement par cette femme-peintre et aussi avec tant de vigueur, d'originalité et de fraîcheur. Car ce pays n'est il point sa patrie de dilection, sa patrie artistique?

Ses victoires commencèrent dès l'époque de Voren.

C'était en 1875. Avant cette époque l'artiste avait connu de rudes épreuves, pour ne parler que de cette sorte de pauvreté, à laquelle ne peut remédier l'abondance des biens matériels.

La misère vous dépouille, mais la richesse vous entrave et vous enchaîne. Entre les deux maux on n'a généralement point le choix.

Qu'on le demande plutôt à tant de pauvres corps privés de nourriture, à tant de pauvres âmes sevrées de liberté!

Marie van Bosse, fille d'un ministre, voulait devenir peintre.

Lorsque vers sa dix-huitième année elle revint de pension, elle se ménagea un petit atelier dans les combles, situé au Nord, s'affubla d'un grand tablier et demanda des leçons de peinture. Elles lui furent accordées: peindre est un joli talent pour jeunes filles; on lui doit ces assiettes en terre cuite revêtues de roses cimes alpestres au dessus desquelles planent des nuées d'aigles, ou de châteaux moyen-âgeux vus au clair de lune, ou de petits bateaux naviguant sur une mer écumeuse, tout cela pour le plus grand orgueil du salon.

Le peintre monta dans les combles et constata, à la vue du grand tablier de toile, que tout dans la vie n'est qu' habitude — qu'il est absolument inutile de se barbouiller et qu'un tablier n'est pas indispensable. Par exemple ce qui était aussi nécessaire que le pain, c'était l'étude; et il ajouta, après un silence: „Du moins si mademoiselle prend la chose au sérieux?"

C'est bien ainsi qu'elle l'entendait; elle se mit à l'étude avec ardeur et patience, ne se laissant point rebuter par les difficultés, au contraire stimulée par chaque nouvel effort, n'ayant point de cesse avant d'avoir pu se mettre au paysage; son genre préféré dès le premier jour. Ce n'était point un choix chez elle. „Je suis devenue paysagiste non par un résultat de ma volonté, mais bien parce que la nature irrésistiblement belle en avait décidé ainsi!" a-t-elle coutume de dire.

Van de Sande Bakhuyzen l'encouragea; l'aida de ses conseils et de son appui; il avait vu de ses essais et les avait approuvés; n'y voyant point de l'art d'amateur, mais de l'art pour de vrai.

Et plus elle s'appliquait, plus sa peinture se montrait sous ce jour. Elle voulait donc devenir peintre, elle ne voulait devenir autre chose; et elle le voulait à tout prix.

Mais *on* ne le voulait pas.

Alors commença une période de tiraillements. Lorsqu'elle parlait de la vocation irrésistible de l'artiste, *on* lui opposait ce qu'elle devait à son rang, à la situation de son père.

Dans des cas pareils la plupart de ceux qu'on appelle les braves gens prennent toujours parti pour *on*, et se mettent du côté des conventions mondaines et sociales. À leur avis il faudrait tout sacrifier à celles-ci.

Ah il faut un certain courage pour tenir tête à cette ligue terrible des gens respectables et timorés; il importe surtout d'être profondément convaincue.

Au bord du Rhin, d'après une étude au fusain.

Marie Van Bosse eut ce courage.

Il est vrai qu'elle eut un allié fidèle, qui la soutint durant la longue lutte qu'elle eut à livrer contre son entourage et qui fut le premier à se réjouir avec elle de la victoire finale: j'ai nommé Bosboom.

Il entretint sa belle passion pour l'art: il la prenait avec lui dans des excursions d'études à travers les bois et les dunes; il lui décernait tantôt l'éloge, tantôt le blâme, et il ne cessait de la visiter dans son atelier; finalement il crut pouvoir lui dire: „Ça y est! Montrez la chose au grand jour!" Et en effet il exposa la chose en pleine lumière, pour le gros public.

Pour la jeune fille cette exposition représentait une déclaration d'indépendance.

Rhenen, d'après un pastel.

Quelques uns s'en rejouirent mais la plupart s'en offusquèrent; mais elle avait fait le grand pas.

Son père, lui même un homme sérieux et opiniâtre, se déclara vaincu et désarmé par la longue lutte, les épreuves et la persévérance de son héritière et aussi par le résultat artistique auquel elle était arrivée. Il lui permit donc de faire un séjour à Vorden, une contrée qui lui avait été recommandée avec enthousiasme par un artiste rencontré, en ces derniers temps, chez des amis communs: Bilders.

Et alors commença une vie nouvelle.

O silence et solitude parfumée de la bruyère! O soleil d'été! o joie du travail!

Levée dès l'aube, et aussitôt attelée au travail — les pieds dans l'herbe

La crue des eaux, d'après un fusain.

humide de rosée, la brise matinale lui soufflant au visage, l'âme vibrante devant
les beautés de la nature et travaillée par la fièvre créatrice.

Elle peinait ferme, consciencieusement, courageusement, n'ayant point peur
d'un faux pas ou d'une erreur; se disant avec le père Cats: „qui trébuche
sans tomber, poursuit tout de même sa route!"

Bilders la guidait dans ses promenades et dans son travail.

C'était un professeur idéal: original lui même mais respectant l'originalité
d'autrui, il ne rapportait jamais le travail des autres à sa conception et à sa

Moulin à Heelsum, d'après une étude à l'huile.

vue personnelle, mais il les engageait tous à s'inspirer de la nature, son maitre
et son modèle exclusifs. La nature il n'y avait qu'elle; c'est à elle qu'il fallait
s'adresser sincèrement et simplement, fort de sa propre ferveur pour elle.
Bilders l'aimait sans partage et sans intermédiaire.

Et Mlle Van Bosse suivit son exemple. A force de vivre tous les jours en
communion avec elle, la comparant à son travail et réciproquement, la jeune
artiste eut conscience de sa propre valeur, de sa force autant que de sa faiblesse,
et elle apprit à dominer de plus en plus celle-ci, comme à fortifier de plus en
plus celle-là.

De retour à la Haye elle travailla avec plus d'ardeur que jamais, libre enfin. Elle avait bien à s'acquitter, il est vrai, de ses devoirs de maîtresse de maison chez son père — Madame Van Bosse étant morte prématurément — mais si ces devoirs lui prenaient parfois un temps précieux elle parvenait en redoublant de vaillance, à rattraper les heures perdues, dans la mesure du possible.

A la ville comme à la campagne, Bilders demeura son bon conseiller.

Il faisait partie à présent du petit cercle des amis intimes de la maison.

Par suite d'un commerce et d'un coude-à-coude quotidiens, dans le sérieux de l'atelier, dans la gaîté de la vie domestique, ils étaient devenus bons camarades, marchant comme ceux de la ballade célèbre d'Uhland, *im gleichen Schritt und Tritt;* puis de camarades ils devinrent amis; et d'amis sentant de même en ce qui concerne l'art, pensant de même dans les choses de la vie, animés du même vouloir, partageant le même idéal, ils devinrent un jour mari et femme.

C'était en 1880. Après un été à Westerwolde, le beau pays dont Bilders avait eu si longtemps la nostalgie, commença cette vie à deux à Oosterbeek, vie si pauvre sous le rapport des années, mais combien riche en félicité!

Poules et coq, d'après un dessin au fusain.

Ce fut d'abord dans une petite maison passé la vieille église de guingois, — un superbe tilleul se dresse devant la porte, et à droite s'étendent les vastes prairies jusqu'à la rivière, avec des bocages que dominent des tourelles de châteaux. L'été il fait délicieux sous les fins ombrages des saules. Les eaux des inondations de l'année d'avant continuent à y former jusqu' au mois d'août des étangs et des mares aux bords desquels les vaches tavelées de blanc et de noir, paissent en s'émouchant de la queue.

Mme Bilders a été séduite par le calme rêveur de ces eaux dormantes s'étalant sous la lumière langoureuse du ciel d'été dans lequel passent furtivement des caravanes de nuages, ou ridées et troublées par des bouffées passagères qui font bruire les feuillages. C'est là qu'elle a peint cet étang qui se trouve aujourd'hui dans la collection du prince-régent de Brunswick. Un étang peu profond à l'ombre d'une file de saules tortillés — des troncs noueux et un feuillage comparable aux premiers brouillards d'automne, filandreux et argentés; un de ces troncs d'arbre se penche tout-à-fait au dessus de son image réfléchie dans l'eau où le reflet gris de ses branches éplorées est interrompu çà et là

Croquis au pastel.

par les larges feuilles des lys d'eau et par quelques fleurs blanches émergeant de la surface stagnante.

Par la suite les deux peintres abandonnèrent leur première maison près des prairies pour cette propriété de Roozenhage, que le mari convoitait déjà depuis tant d'années.

C'est une grande maison basse, à la façade un peu sombre, se dérobant dans d'épaisses frondaisons de chataîgniers. Mais, derrière, elle se réjouit d'un vaste et radieux jardin, planté de fleurs vivaces et d'opulents arbres fruitiers. L'atelier de Bilders donnait sur ce jardin: et à l'entrée, caché au regard du passant par un rideau de saules, se trouvait la vieille grange dans laquelle Mme Bilders avait installé le sien. Autour du jardin couraient des espaliers de pêches, tout couverts de fleurs roses au printemps, et, au mois

Oosterbeck, d'après un pastel.

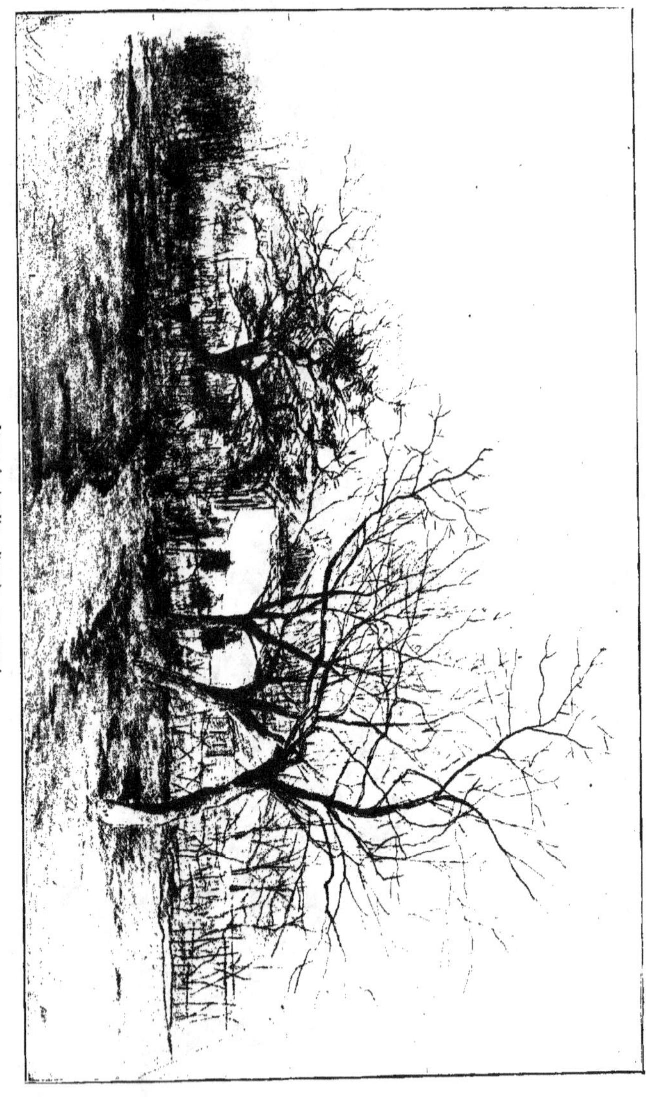

Dans le jardin, d'après un pastel.

d'août, croulant de fruits potelés et duvetés où les écureuils venaient planter leurs dents gourmandes. Et le sentier, bordé de plantes rustiques: pieds d'alouette, passe-velours, boutons d'or et couronnes impériales — courait sous les branches des pommiers jusqu'à tel banc rustique sur lequel les époux s'asseyaient si volontiers à la vesprée.

La chambre de famille était devant; les chataigniers y entretenaient un clair obscur vert. Près de la fenètre se trouvait le grand fauteuil de Bilders ainsi que la table avec ses livres, en petit nombre, mais choisis. Tout l'été un bouquet de fleurs des champs planté dans un vase de cristal ou de terre égayait le calme recueilli de se coin intime. Cette chambre présentait encore un profond manteau de cheminée, à la mode antique, et aussi une non moins antique bibliothèque de bois bruni, couronnée de potiches de Delft. Les murs étaient tendus de gravures et de reproductions — au dessus du lit de repos c'était une superbe *bruyère* de Bilders avec des oiseaux planant dans le ciel; et, en belle lumière, une réproduction du *moulin* de Hobbema. Mona Lisa esquissait non loin de là son sourire ambigu et inquiétant: on y trouvait aussi Beethoven, à la physionomie mélancolique et aux sourcils froncés, souverain de l'empire musical.

C'était là le sanctuaire, où il trouvait le repos après la tache terminée: où elle puisait des forces pour le travail du lendemain; où tous deux trouvaient le bonheur.

Et quiconque y pénétrait, venant de la route poudreuse, y reprenait haleine.

Oh! ces soirs de Rozenhage! la longue causerie autour de la table à thé sur laquelle folâtrait la petite flamme bleue du réchaud, tandis que dans les ténèbres envahissantes s'évanouissait le blanc des mains et des visages!... Alors s'exhalaient les pensées intimes, les sentiments et les réflexions de deux nobles âmes — et les souvenirs remontaient dans la lumière un instant ravifiée des beaux jours qui ne sont plus!

Et Bilders nous déroulait sa jeunesse. Le voilà parti avec les chasseurs de Van Dam à travers le Brabant, le fusil sur l'épaule, aux lèvres un refrain de soldat — les accortes paysannes rougissent en souriant lorsqu'il les salue au passage, — puis, petit peintre obscur, simple rapin, il tremble d'agitation derrière le mécène qui contemple son tableau; plus tard il voit Rachel conquérir le scène de ses gestes prestigieux; puis il se passionne pour Vrugt et il subit la magie du chant suave de Jenny Lind. Et il lance une phrase mélodique de cette claire voix de ténor dont le métal n'a point encore été voilé par l'âge. Mais sa femme l'interrompt et se met à parler des galeries de Vienne et du clair de lune à Venise, et il sourit, devinant pourquoi elle lui a coupé la parole: „Tu te montes tellement, mon homme, et tu ne dormiras point de la nuit!"

Car il péréclitait déjà, souffrant des suites d'une affection de la poitrine, qui avait entamé ses forces si longtemps préservées. Il fallait s'y prendre avec un tact infini et une extrême délicatesse à l'égard de ce corps épuisé et de cette âme subtile. Si la santé demeura relativement bonne et l'humeur sereine, ce

fut grâce à des soins et des précautions constantes, à une vigilance de
tous les instants et surtout à cet adorable caractère de sa digne compagne, à cette force d'ame qui lui permettait de cacher ses soucis et ses
préoccupations sous un sourire radieux et une causerie pleine d'esprit et de
poésie.

L'hiver était assez critique, mais les premiers beaux jours amenaient une
amélioration et avec le chaud soleil de l'été, le vieil artiste retrouvait une
vigueur nouvelle.

Entretemps on travaillait ferme dans l'atelier de la grange, et on n'étudiait

Moulin à eau à Heelsum, d'après un pastel.

pas moins activement dans les champs et les bois. Avant cet été de Vorden,
Mme Bilders n'avait pas encore appris à connaître la Bruyère — et à présent
c'était une observation continuelle; elle était constamment à l'affût du moment
favorable et il lui faillait parvenir à le *fixer* à peine l'avait elle épié et saisi;
il lui fallait attraper cette teinte fugitive qui varie avec les caprices de la
lumière! Combien elle l'a étudié, ce paysage qui varie d'heure en heure et
aussi de lieue en lieue! D'épaisses nuées s'amassent au dessus du bois et de
la montagne de Wagening, mais le vent intrépide qui souffle à travers la
bruyère, réduit ces nuées en flocons et les disperse dans le ciel; tout à coup

„La maison Forestière

D'APRÈS UN TABLEAU

appartenant à M. R. W. D. Heykers.

A SUPPRIMER

l'eau brille et s'anime mais pour retomber peu après dans son sommeil morne et glauque; et d'autres fois, c'est la prairie avec sa saulaie ou le champ d'avoine ondoyant; ou le fleuve sur lequel cinglent lentement les petits voiliers. Puis il y a encore les différences de saisons et ces transitions si variées et si délicates. Elle a tout étudié, elle s'est tout assimilé, à l'air par tous les temps, crayonnant et observant, observant et crayonnant sans relâche. C'est ainsi qu'elle apprit à connaître et à rendre si magistralement la Veluwe, à traduire avec une ferveur de plus en plus intense le caractère de cet adorable pays.

Bilders ne peignait déjà plus. Sa main avait perdu la fermeté nécessaire. Et le vieux maître se reposait; il savait qu'il avait fait de son mieux, qu'il était arrivé à son apogée, et il se consolait et se réjouissait au spectacle d'un talent plus jeune que le sien et animé du même esprit. Il se survivait, artistiquement, en sa femme. Il savait qu'il en serait toujours ainsi. Marie Bilders servirait et vénèrerait l'art tout comme Jean Warnardus Bilders l'avait servi et vénéré — c'est à dire par lui même, en s'y consacrant, en s'y donnant tout entier. Et l'œuvre de la femme serait ce qu'avait toujours été celle de l'époux: l'œuvre d'un véritable artiste, cherchant à exprimer sincèrement et respectueusement la nature, ne négligeant aucune de ses manifestations, l'aimant toute entière, pour elle même et exclusivement; la cherchant non seulement par les yeux mais par toute son âme, par ses sentiments les plus intimes, par tous les efforts de son intelligence: afin de pouvoir rendre ce que lui seul a vu, comme lui seul l'a vu, et de pouvoir créer une réalité nouvelle en combinant le plus beau de la nature avec le meilleur de son âme.

Automne à Doorwerth, d'après un tableau appartenant à M. H. J. Betz, à La Haye.

Je déconseillerai à tous leurs amis de se promener du côté de Rozenhage à présent que la maison a pris une expression — ainsi que des yeux aimés qui se sont aveuglés.

Il n'est plus là le fauteuil près de la fenêtre et l'éclat des cheveux d'argent dans la pénombre a disparu avec lui, — partis aussi les bouquets de fleurs des champs. Il n'y a plus d'atelier dans le jardin; on n'y trouve plus qu'une grange humide pleine de balais et de toiles d'araignées; et que sont devenues ces mousses veloutées et toutes ces fleurs rustiques du bon vieux temps — où sont ces pieds d'alouette et ces boutons d'or? Et le vieux banc, qui s'assied dessus aujourd'hui? Il lui a bien fallu disparaître aussi *alors* — comment aurait-

Sous bois printanier, d'après une esquisse au fusain.

il pu *leur* survivre à tous deux, surtout malade et vermoulu comme il l'était!

Mme Bilders avait encore aidé à organiser l'exposition des œuvres de son mari — puis c'en fut fait de sa force d'âme et de sa gaillardise.

Elle tomba malade, elle souffrit gravement et longtemps. Les derniers temps ses nerfs avaient été mis à une trop rude épreuve — puis elle se ressentait aussi de ces douleurs rhumatismales contractées à travailler en plein air par tous les temps — et résultat, aussi, de l'atmosphère humide de Rozenhage…

Finalement la maison sous la châtaigneraie dut donc être abandonnée. Mme Bilders retourna à La Haye.

Le changement lui parut dur au début. Songez donc: les alignements de

Le vieux bouleau, appartenant à Mme Wolterbeck à Oosterbeek.

maisons droites et monotones au lieu des coquettes avenues de hêtres et la
perspective des prairies. Et combien l'air de la ville paraissait étouffant com-
paré à cette brise parfumée à l'arome des sapins et au miel des bruyères !

Mais il ne s'écoula pas longtemps avant que Mme Bilders trouva une
compensation dans un commerce suivi avec quantité de personnalités intéressantes de la Résidence, artistes et lettrés; et dans cette atmosphère spirituelle sans laquelle à la longue la vie deviendrait insupportable à l'artiste, cette
atmosphère où les pensées s'éveillent plus vivement, où les contingences
s'éclairent d'une lumière originale et où une certaine poésie s'attache à toutes
les actions. Ce monde aimable et vibrant redevint le sien. Dans son atelier

Lisière du bois, d'après une esquisse au fusain.

à la ville elle travaille avec autant de courage et de patience que dans la
grange de Rozenhage, se réjouissant de toute difficulté vaincue, ne se contentant pas des progrès réalisés aujourd'hui mais s'efforçant le lendemain de
saisir encore de plus près cet idéal dont nous nous rapprochons toujours sans
pouvoir y atteindre.

L'été elle s'en va retrouver la Veluwe, la bruyère, les champs et les bois, la
vie avec les êtres infimes et simples de là-bas, cette vie dont elle apprécie
l'émouvante monotonie, cette gravité et cette mélancolie inséparables de cette
contrée de plaines et de bruyères.

Mme Bilders ressent très profondément cette vertu tragique du paysage de
là-bas — la plaine infinie, les brouillards dans lesquels rougeoie le couchant,

Inondation, d'après un dessin au fusain.

l'agonie de l'été noyé et étouffé dans des averses et des ouragans. Là, sont les vieux hêtres aux troncs superbes, aux branches opulentes encore couvertes de la plus grande partie de leur feuillage, mais celui-ci n'est plus l'éclatante parure du mois d'août — il a pâli, il s'est clairsemé et flétri sous les pluies et les rafales; l'automne lui a communiqué une sorte d'influence incendiaire, des flammes rouges, fauves et dorées montent jusqu'aux plus hautes cimes et ne tardent pas à embraser tout le bois dans une immense conflagration.

Et la bruyère prend un aspect sombre et farouche, particulièrement sur les bords du fossé où s'élève un chêne séculaire; le soleil s'est couché et aux reflets de ses dernières rougeurs le fossé représente une flaque de pourpre et

Grange à tabac à Rhenen, d'après un pastel.

de carmin; l'ombre frêle d'un bouleau y jette une tache noire — la nuit vient — il n'y a plus que ténèbres sur la bruyère.

Mais autre est l'aspect du bois, au mois de juin! Choisissons un jour calme et un peu couvert avec de brusques embellies, de subites flambées de soleil, suivies de lourdes passées de nuages plongeant alternativement le bois dans le clair obscur d'une cathédrale gothique et dans l'éblouissement d'un parc élyséen; par les interstices du feuillage la lumière se découpe sur le sol moussu et dans les ombres profondes en petites taches éclatantes et elle prête des teintes de nacre d'argent à l'écorce des jeunes bouleaux.

Mais bientôt on étouffe dans le bois trop touffu. C'est le beau temps alors pour les prairies aux bords de la rivière. L'herbe est émaillée de fleurs, des

Coucher de soleil près des chênes de Wotan, d'après un tableau.

ruisseaux folâtrent à l'ombre des saules; le soir, le soleil couchant met des ourlets d'or et d'argent aux moindres objets du paysage.

Puis viennent les jours glorieux de la moisson. De jaunes emblavures éclatent sur le bleu du ciel. Plus tard encore les meules se dressent, monumentales ou devant le char aux ridelles presque rompues sous la charge, un cheval s'ébroue tout fumant et jette une note d'un blanc superbe dans le paysage fauve et doré.

Et enfin revient l'hiver: les beaux jours, les abeilles et les peintres se sont évanouis, et ne reviendront plus avant le printemps.

Mme Bilders a pris ses quartiers d'hiver dans une maison à laquelle se rattachent les plus aimables souvenirs et située Plaine Alexandre. C'est là que Mauve, prématurément décédé, à travaillé et rêvé. C'est une maison coquette devant laquelle s'étend une plaine dont les aspects varient au gré des fantaisies du soleil, du clair de lune et des nuées, ces grands enchanteurs, et qui résonne au matin des fanfares et des galopades de la cavalerie qui vient s'y exercer.

Et l'habitation même est délicieuse. Rien n'y est banal ou n'y sent le remplissage et l'improvisation. De la beauté et de la grâce répandues partout avec la même profusion que la lumière: des meubles de famille qui sont autant d'amis inséparables: aux parois quantité de dessins, pastels, gravures, panneautins, tous de premier ordre et le plus souvent dons des artistes mêmes; çà et là quelque relique de la Terre Sainte de l'Art, l'Italie, et partout des souvenir d'hommes et de femmes illustres, amis des deux Bilders.

Et un charme particulier se dégage encore de tous ces noms visibles au dos des livres encombrant les étagères, les rayons des bibliothèques, la table de travail, ceux des poètes de tous les genres et de toutes les époques, depuis Dante le visionnaire, jusqu'aux chantres bucoliques, ou jusqu'aux passionnés de nature, tels que Walt Whitman, Thoreau et Thomas Hardy.

Et, ici, comme à Rozenhage, le masque passionné et poignant de Beethoven.

Mme Bilders communie sous toutes les espèces du Beau: — la couleur, le son, le verbe et la forme — et elle s'inspire de ces quatre éléments de la Beauté.

Il est naturel alors que le Beau de la Vie même s'impose à sa sollicitude: des amis fidèles et sûrs; des camaraderies ferventes, et cette humeur réjouie, aussi rare et aussi précieuse que le bon vin, — un vin qui ne détermine pas une griserie panagère, mais qui nous réchauffe et nous retrempe le coeur, et le cerveau et qui nous dispense de nouvelles forces vitales.

HENRI VALKENBURG

PAR

JOHAN.

Intérieur à Twent, d'après un tableau.

HENRI VALKENBURG.

„En croirais-je mes yeux? Mais c'est bien monsieur Valkenburg ; entrez donc, monsieur! Parole, je vous croyais mort!" Les dernières années de sa vie le peintre pouvait être certain d'être accueilli en ces termes de la part de Toinette ou de Lison (*Teuntje* ou *Lijsje*) à son arrivée à Laren. Ce petit homme voûté à la marche lente mais régulière était connu de tout le village, des petits comme des grands. De son côté il ne se formalisait pas de l'allusion un peu brutale dans sa rude franchise qu'ils faisaient à son extérieur minable, et il leur répondait avec bonhomie qu'il attendrait encore quelques années avant de passer „l'arme à gauche," quoique le vieux grand père à peu près nonagénaire fît entendre souvent que monsieur et lui ne se „suivraient pas de loin dans la tombe."

Le peintre presque âgé alors de soixante dix ans — il était né le 8 septembre 1826 — se sentait si jeune de cœur qu'il ne regrettait qu'une chose: c'est que son corps ne se montrât plus si complaisant qu'autrefois. Et pourtant il en avait vu de toutes les couleurs, comme on dit. On remplirait un livre avec l'histoire de sa vie, un livre bien édifiant qui montrerait la lutte opiniâtre et vaillante d'un homme, depuis le berceau jusqu'à la vieillesse, pour arriver, à travers tous les obstacles et en dépit de toutes les complications, au but qu'il s'était proposé comme étant la raison d'être de son existence, et auquel il consacrait tous ses efforts en ne le perdant jamais de vue.

Henri Valkenburg passa son enfance et une partie de sa jeunesse à Deventer. Ses parents appartenaient à une branche indigente de la famille de ce nom et quoique le jeune garçon manifestât dès sa plus tendre enfance des dispositions prononcées pour le dessin et qu'il rêvât de devenir peintre, il n'y avait pas à s'arrêter un instant à l'idée de diriger son instruction en ce sens. Au contraire, aussitôt qu'il eût terminé son instruction primaire, on tint conseil pour savoir quel apprentissage on lui ferait faire sans retard afin qu'il pût pourvoir le plus tôt possible à sa propre subsistance. En tenant compte jusqu'à un certain point de ses préférences on le plaça chez un orfèvre. Il y passa deux ans, mais il s'y rendit impossible si bien qu'on le fit entrer chez un libraire. Mais Henri ne rêvait et ne voulait entendre parler que du dessin, et il s'y prit de belle sorte qu'il fallut bien lui permettre de fréquenter l'école de dessin pendant ses heures de loisirs. Il y reçut les leçons d'un monsieur Vredenburg. Cette période représente une des plus curieuses de la vie du peintre: non seulement ce fut alors qu'il fit ses premiers pas dans la carrière si difficile qu'il avait choisie, mais toute l'organisation de l'école, la marche de l'enseignement et surtout le type impayable du directeur lui fournirent une mine inépuisable de souvenirs et d'anecdotes saugrenues, on ne peut plus savoureuses à entendre de la bouche même du peintre, lorsque d'aventure il lui arrivait de remuer les jours passés de l'école de dessin, avec l'une ou l'autre de ses vieilles connaissances de Deventer. L'éclairage, le soir, se faisait à l'huile mais l'appareil était si défectueux que le liquide gras s'accumulant à la longue dans le réservoir où il s'égouttait, finissait par déborder et par se répandre sur le magnifique dessin de l'un ou l'autre élève qui, naturellement, furieux de voir déshonorer ainsi le fruit de tant de laborieuses soirées entrait dans une violente colère à la suite de laquelle on congédiait le lampiste. Les élèves de l'école de Deventer étaient connus ou, mieux, redoutés de tout Deventer. En retournant à la maison ils se livraient aux équipées les plus inimaginables. Après avoir arraché

Dans le potager, d'après une aquarelle.

un tuyau de gouttière à l'une ou l'autre toiture basse, ils en appliquaient
une extrémité à la pompe et appliquaient l'autre contre la porte d'un boutiquier,
puis se mettant à pomper à force de bras ils provoquaient une inondation
dont les victimes ne s'apercevaient que lorsque l'eau gagnait le réduit où ils se
tenaient derrière leur boutique. D'autres fois ils arrachaient les volets d'une
brasserie et les dressaient sur le seuil d'une maison particulière d'où ils s'abat-
taient avec un fracas formidable quand la bonne appelée au dehors par de
furieux coups de sonnette poussait la porte contre laquelle ces volets étaient
appliqués. Plus d'une fois la police intervint mais ces méchantes farces n'eurent

Pastel.

pas de suite grâce à la longanimité des bourgeois qui intervenaient eux mêmes
en faveur de leurs jeunes persécuteurs. C'est aussi que l'école jouissait d'un
grand renom, dû en majeure partie à son vaillant directeur qui s'entendait à
éveiller du zèle et de l'émulation chez le cancre le plus invétéré, et à qui plus
d'un artiste industriel (ébéniste, décorateur etc.) doit sa situation et sa fortune.
On y travaillait ferme, on y dessinait tellement qu'un jour la marâtre d'Henri
lui demanda aigrement s'il allait falloir lui acheter un nouvel assortiment de
papier. C'est à cette école que l'artiste remporta ses deux premiers prix: une
plume et une médaille en argent. La première lui fut décernée à la suite
d'un concours annuel dont le sujet était une tête ombrée à traiter aux deux
crayons Julien, et le vénérable peintre se réjouit encore au souvenir de la joie

ineffable et sans mélange que lui procura la possession de cette plume à dessiner, en argent; une joie que tous les autres succès décrochés ensuite n'ont pu éclipser. Quand à la médaille elle lui fut attribuée pour un dessin d'après le nu.

Aussi longtemps que vécut le père le dessin dut être considéré comme un accessoire, mais à la mort de celui-ci, survenue en 1844, le jeune Henri alors âgé de dix huit ans brûla la politesse à la librairie et s'adonna entièrement à son étude favorite. Le peu que lui avait laissé son père, joint à ce que lui avait avancé son généreux maître, un homme que ses petites excentricités n'ont pas empêché d'occuper une place cordiale dans la mémoire reconnaissante de son élève, permirent à celui-ci de faire face les premiers temps aux dures nécessités de la vie. Il étudiait avec application; toutefois sa soif de connais-

Pastel.

sances et de savoir ne se trouvait pas étanchée par ce que l'école de dessin et son entourage de Deventer pouvaient lui procurer. Anvers était sa terre promise. A cette époque c'était là que se rendaient tous les peintres. En 1848 il s'arrangea si bien qu'il put tourner le dos à sa ville natale et partir pour la Belgique, où il devint élève de l'académie d'Anvers. Dans la ville de l'Escaut le jeune homme plus riche d'enthousiasme que de quibus connut toutes les rigueurs de la lutte pour l'existence et plus d'un doué d'une santé plus vigoureuse que la sienne aurait même fini par y succomber; ce qui lui permit de résister fut son opiniâtre persévérance, son application infatiguable et sa rigoureuse économie. Il poussa même celle-ci jusqu'à une abstinence si héroïque, que souvent sa bonne hôtesse, frappée par sa pâleur, s'informait avec inquiétude de sa santé.

La fenaison d'après une étude à l'huile.

A SUPPRIMER

Et pourtant malgré des prodiges de frugalité, après un an et demi la bourse du pauvre était à sec et il lui fallut retourner à Deventer où le produit de la vente de quelques études et la commande que lui fit un de ses concitoyens, ami des arts, lui procurèrent les fonds nécessaires pour prolonger son séjour

La ravaudeuse, d'après un tableau.

à Anvers. Avec cet argent il vécut jusqu'en 1853. Il changeait de résidence et se rendait d'un endroit à l'autre, gagnant dans une localité de quoi pouvoir aller étudier dans un autre centre. Sur ces entrefaites il fut invité à venir se fixer à Almeloo, où, à côté de nombreuses leçons particulières on lui offrait la place de professeur de dessin à l'école communale. Cette perspective du pain assuré et d'une position fixe était trop alléchante pour Valkenburg qui avait vécu, ces dernières années, au jour le jour, aussi s'empressa-t-il d'accepter. Il ne songea même point qu'au point de vue de sa carrière de peintre, il allait s'enterrer tout vivant. Au point de vue matériel il n'eut pas à se repentir de sa décision; il n'avait même jamais connu pareille aisance; mais, pour son art, c'était la mort. Plein d'idées anversoises, nourrissant de hautes illusions à propos de projets de vastes compositions historiques, une tendance, très à la mode en ce temps là, fermé à toute autre expression d'art, incapable d'apprécier l'originalité de son nouvel entourage quoique les intérieurs de paysans soient précisément devenus son genre par la suite, le peintre n'avait rien trouvé dans cette petite ville de province qui parlât à ses goûts et à ses aptitudes

Pastel.

de peintre. Néanmoins il y passa treize ans de quiétude et d'insouciance; il s'y fit beaucoup d'amis et la fréquentation de foyers familiaux fit naître aussi en lui le désir de se créer un intérieur et de trouver une compagne. Il découvrit celle-ci en Jeanne van Lochem, qui, sans pouvoir toujours le suivre sur le domaine artistique, fut pour lui la meilleure des épouses et le modèle des mères pour leurs enfants.

Après 1863 des perfectionnements furent apportés dans l'enseignement moyen qui reçut aussi une plus grande extension. La place de professeur de dessin à l'école moyenne de Helmond se trouvant vacante le peintre la sollicita et l'obtint. Il vendit sa maison et même son mobilier car à cette époque les déménagements entrainaient encore beaucoup de difficultés et de frais à raison de la pénurie des moyens de communication; Helmond, au surplus, n'étant point desservi par une ligne ferrée. Il fallut se débarrasser de maint objet aimé; et il en coûta aussi à la femme du peintre de devoir quitter la vieille maison où ils avaient été si heureux. Valkenburg avait atteint un double but à présent. D'abord il s'évadait de son milieu de braves gens mais par trop profanes et terre à terre; ensuite il se rapprochait d'Anvers qu'il s'empressa d'aller revisiter dès les vacances qui suivirent. Une excursion en Belgique, au temps de sa vie à Almeloo, avait réveillé son vieil amour pour la ville de

Près du berceau, d'après un tableau à l'huile.

Rubens, la féconde patrie des beaux peintres. C'est là qu'il brossa l'esquisse
de son premier tableau de genre, un souvenir de Twente, intitulé la *Semaine
de Pâques*, qui obtint plus tard un grand succès au salon triennal et lui valut
un commencement de notoriété, car, quoique ayant dépassé la jeunesse, avant
cette exposition, personne encore, en dehors de son entourage de l'Overijssel,
n'avait entendu parler de lui. Après un séjour d'un an et demi à Helmond,
on lui fit offrit la direction d'une école du soir pour adultes à ériger à Zwolle.
Il n'hésita guère à accepter cette nouvelle situation. Il disposait de toute sa

Les batteurs en grange, d'après un tableau.

journée et aussi des pleins quatre mois de l'été, de sorte qu'il avait largement
le temps de peindre à présent. Toutefois ce n'était pas tout à fait encore ce
qu'il désirait. Il lui manquait à Zwolle la société de peintres comme lui, des
échanges de vue sur l'art, l'occasion de voir le travail de ses confrères; pour
cela il lui aurait fallu se rendre à Amsterdam. Le Roi venait de créer un
subside au profit des peintres. Valkenburg envoya au jury tout un ballot de
toiles, soit une infime partie du *stock* qui remplit encore aujourd'hui des caisses
entières dans sa maison, et qui provient en majeure partie de son époque
d'études à Anvers, un *stock* témoignant de l'activité et de la vie qui régnaient

La lecture de la bible, d'après un tableau.

à l'Académie de cette ville. L'artiste espérait que son envoi attirerait l'attention.
Son espoir ne fut point déçu, car la commission compétente invita instamment
le peintre à se rendre à Amsterdam pour se présenter à ces messieurs désireux
de faire sa connaissance; le jeune homme pour lequel ils le tenaient, méritant
largement à leur avis, qu'on lui procurât les moyens d'entreprendre un voyage
d'études. Quelle ne fut pas la surprise des membres de la commission lorsqu'au
lieu du débutant qu'ils attendaient, se présenta un homme de quarante cinq
ans, marié et père de famille, qui n'attendait d'eux qu'un subside pour lui
permettre de faire un séjour à Amsterdam. On lui accorda ce qu'il demandait

A midi, d'après un tableau.

et il alla occuper depuis mai presqu'à septembre l'atelier bien connu situé sur
le Rozengracht. Son installation lui plut à tel point qu'il ne songea plus qu'à
la rendre définitive. L'occasion de se fixer à Amsterdam ne tarda pas à lui
être offerte. Ou venait de fonder une école industrielle dans le Westerstraat
et des cours supérieurs pour jeunes filles. Il fut nommé professeur dans les
deux établissements ce qui lui permit de démissionner à Zwolle. Mais il ne
pouvait encore être question de vivre exclusivement de son art; surtout qu'il
avait importante charge d'âmes. En attendant, son arrivée dans la grande ville
s'annonçait sous les plus heureux auspices. Le soir même de son déménage-
ment il lui arriva un télégramme porteur de la bonne nouvelle qu'un tableau

Besognes de vieux, d'après un tableau.

envoyé à l'exposition communale de La Haye, intitulé *Even uitgaan* (une petite
course) et représentant une vieille s'abritant sans son parapluie, avait décroché
la médaille d'or et rencontré un acquéreur en M. le baron Van Hardenbrock.
Une piquante anecdote se rattache à ce tableau. Le peintre s'était rendu à
La Haye pour y visiter l'exposition, mais ne connaissant point la ville il
s'informa de l'itinéraire à suivre, auprès des gens de l'hotel où il était descendu. En le renseignant l'hotelier ne manqua pas de lui recommander tout
particulièrement, une petite vieille au parapluie devant laquelle s'arrêtaient tous

Avant le repas de midi, d'après un tableau.

les visiteurs de l'exposition. Et le bonhomme fut ravi de faire la connaissance
de l'heureux peintre de ce tableau. La médaille et aussi des critiques élogieu-
ses attirèrent l'attention sur Valkenburg et le mirent en rapport avec des
marchands de tableaux, de sorte qu'il put croire à présent qu'il avait le pied
dans l'étrier. Toutefois les premières années à Amsterdam furent assez pénibles. Vingt huit heures de leçons par semaine à donner dans des classes en-
combrées d'élèves était une tâche trop écrasante pour quelqu'un qui n'avait
jamais joui d'une santé florissante et qui, en outre, consacrait à son art la
moindre demi heure de ses loisirs. Aussi, en 1873, fut-il obligé de renoncer

Le glas funèbre, d'après un tableau.

Une petite course dans le voisinage, d'après un tableau appartenant à M. le baron van Hardenbroek van s'Heeraartsberg et Bergambacht.

à son emploi: une grave pneumonie était venue porter un coup alarmant à sa
constitution déjà débilitée. Heureusement il s'était fait un nom assez célèbre
comme peintre, pour pouvoir envisager l'avenir sous des couleurs assez rassurantes.
Dans tous les cas il put à présent se consacrer entièrement à la peinture.
Tous les étés il se rendait à Twente; il connaissait le pays et les gens, et il
y retrouvait volontiers ses anciens amis. Nombre de tableaux datent de cette
époque. Un des plus remarquables parmi ceux-ci est une *Lecture de la Bible*.

Comme c'est généralement le cas
pour des compositions de cette
envergure la genèse en fut assez
laborieuse. Il avait assisté plus
d'une fois à pareille lecture, et
chaque fois, sérieusement frappé
par cette scène, il s'était promis
d'en tirer quelque chose. Il entassa
études sur croquis mais en remet-
tant toujours l'exécution définitive; enfin l'exposition universelle
de 1883 le détermina à achever
le tableau commencé et souvent
repris. L'artiste était désireux de
figurer à l'exposition avec une
toile importante, et il n'aurait pu
traiter sujet prêtant mieux à une
composition de ce genre. Le

Pastel.

tableau eut beaucoup de succès, remporta la médaille d'or et fut acheté par
M. le baron Van Boetzelaar.

Les petits événements de la vie familiale fournirent souvent à Valkenburg
le sujet de toiles importantes, telles que: *Bonsoir! Le baptème! Le présent de
la cicogne! Les images* etc., dont la première remporta la médaille d'or lors
d'une exposition à Amsterdam.

Après ces villégiatures à Twente, l'artiste passa un été à Zandvoort, la santé
d'un de ses enfants ayant nécessité un séjour en cet endroit. Valkenburg y
fit beaucoup d'études mais n'en retira aucun tableau notable. Ces dernières
années il visita le Gooi, qui devait devenir sa contrée préférée.

Entretemps l'artiste s'était appliqué à se débarrasser des tons bruns et
de la technique démodée de l'Ecole anversoise, et avait pris modèle sur
les meilleurs artistes de La Haye et d'Amsterdam. C'est surtout à Laren
sous l'influence de Mauve que l'art de Valkenburg se transforma graduellement
pour devenir ce qu'il est aujourd'hui. Et la métamorphose est saisissante
lorsqu'on rapproche une de ses anciennes œuvres d'une toile de ses années
de Laren. Ce changement à été des plus heureux pour la valeur du peintre.
A la différence de beaucoup de peintres contemporains l'art de Valkenburg

La vieille petite mère, d'après un tableau.

aura constamment progressé; aujourd'hui encore le vétéran cherche à faire mieux toujours et à s'élever plus haut. Mauve lui a appris à se convaincre plus intimement qu'autrefois, de l'importance qu'il y a pour le peintre à voir à leur place et dans leur milieu les êtres et les choses, — et aussi à ne rien dédaigner de ce que nous montre la nature et l'humanité, ni ce petit coin de ferme éclairé d'une façon si amusante, ni cette grange crépusculaire, ni cette vieille à la tête branlante, au coin de l'âtre. Il doit à Mauve de les peindre d'après nature et de les voir avec des yeux plus émus. D'ailleurs les bonnes gens de Laren sont les plus hospitaliers et les plus complaisants des modèles. Entre qui veut, pour les peindre, dans leurs modestes intérieurs. La „pose" procure un supplément de ressources à cette intéressante mais très pauvre population.

Si la marmaille dérange le peintre, la ménagere s'empressera de mettre les petits tapageurs à la porte. On lui laisse le champ libre. Il peut disposer de tout comme il l'entend: des personnages comme des accessoires. Le peintre est la Providence du pays. Ne lui doit-on pas d'avoir changé le village obscur et oublié en une villégiature fort connue? De son côté Valkenburg ne doit pas moins à Laren: il y a retrouvé la santé physique et morale. Il s'y transportait dès les premières tiédeurs printanières et son atelier de la Parkstraat ne le revoyait que lorsque les âpres souffles de Novembre rendaient trop inconfortables les masures enfumées des paysans. L'une des premières toiles qu'il peignit là bas fut celle actuellement au musée de l'Etat et qui fut exposée d'abord à la société *Arti*.

Ses aquarelles sont presque aussi recherchées que ses tableaux. L'une d'elles lui valut une médaille de bronze à Liège, en 1871, Il en envoie tous les ans une grande quantité en Amérique. Nombreuses sont les distinctions qu'il a remportées à Londres, Paris et Berlin; c'est dans cette dernière ville que sa toile *La cloche du village a sonné!* fut acquise pour un musée de l'empire allemand.

Le peintre pouvait se reporter avec une légitime satisfaction sur sa féconde et active carrière.

En 1896, deux mois après qu'on eût célébré son soixante dixième anniversaire, il fut enlevé subitement à l'affection des siens; et les couronnes et les palmes envoyées de toutes parts prouvèrent éloquemment combien il était connu et admiré en dehors du cercle de ses amis et de ses compatriotes.

SOUVENIRS

PAR

F. P. TER MEULEN.

Souvenirs. Parc à moutons, à Drenthe, d'après un tableau.

SOUVENIRS. [1]

Invité par l'un et l'autre à fournir quelques notes sur ma carrière, je fais appel à l'indulgence de mes lecteurs si je consigne ici des choses médiocrement intéressantes en elles-mêmes mais qui représentent toutefois ce que j'ai de plus caractéristique à leur dire sur mon individu.

Je commence… par mon commencement. Ma mère était, comme elle se plaisait à le dire elle même, une enfant de la balle c'est à dire qu'elle descendait tant du côté paternel que du côté maternel d'une famille d'imprimeurs de Haarlem. De là sans doute ces velléités littéraires qui se manifestent aussi de temps à autres chez moi. J'héritais de mon père certain penchant à la méditation combiné avec un grand amour pour la libre nature. Taine aurait sans doute attaché quelque importance à ce fait que mon grand père après

---

1) A notre demande de particularités biographiques plus circonstanciées l'auteur nous répondit: „Je reconnais avec vous que j'ai profité de l'occasion que vous m'offriez de parler de moi même pour… ne rien vous en dire. J'ai songé un instant à combler cette lacune mais toute réflexion faite j'ai cru devoir m'en tenir à mes premières notes, sinon j'aurais dû entrer dans quelques appréciations au risque de casser les vîtres. Or je suis peintre, et non vitrier." (Note de l'éditeur).

avoir été marchand de couleurs fonda plus tard une fabrique de céruse, et il aurait attribué à la première de ces circonstances la vocation du petit fils pour la peinture, et à la seconde sa manie d'abimer irréparablement ses dessins en les barbouillant de blanc de plomb.

Mais à cet heureux âge où l'on ne se fait aucune idée de l'irréparable et où l'on s'imagine avoir tout le temps de devenir raisonnable, dans notre paisible maison paternelle de Bodegraven, la peinture me souriait comme une promesse de plaisir sans mélange. Dès ma plus tendre enfance je rêvais de devenir peintre; je ne voyais pourtant que bien peu de tableaux, mais cela ne m'empêchait point de dessiner de tête de grands boucs coiffés d'énormes cornes

En route! d'après un dessin.

Ce que je me rappelle le mieux, de mon temps d'école c'est certaine mèche bouclée dans la barbiche du professeur, une longue perche de professeur auquel je tenais beaucoup, mais surtout le paravent de la cheminée. A toi soit acquise toute ma gratitude, o *great unknown*, qui par ce cerf traversant la rivière, poursuivi par les chasseurs et leur meute, as si souvent réjoui ma pauvre âme puérile, dans cet Institut pour jeunes gens!

J'entretiens, plus vivace encore, un autre souvenir de mes années de collége. C'était en hiver et par un temps de neige; en descendant le matin je regarde par la fenêtre et j'avise frileusement blottis sous la veranda une couple de moutons qui ne trouvant plus d'herbe dans la prairie étaient venus me demander le gite et le couvert. Pour un gamin chérissant beaucoup les animaux et doué, au surplus, d'une imagination complaisante, pareil incident, survenant dans le calme d'une existence régulière et monotone, prenait toute l'importance de l'aventure la plus romantique. Combien de fois il m'arriva encore de souhaiter que les moutons recommenceraient leur escapade!

Mais j'en fus pour mes espérances. Deviendrais-je jamais peintre? Je tombai un jour sur un petit livre de Conscience, intitulé *Comment on devient peintre* et je crus avoir trouvé mon affaire. Mais mon père me l'ayant lu je fus assez désappointé; ce n'était par précisément là le guide que j'avais espéré.

Mais j'allais rencontrer une autre chance. Ma famille fit par hasard la connaissance du peintre Van de Sande Bakhuijzen (le père du peintre de ce nom encore vivant), et à la suite de cette conjonction mes parents me menèrent à La Haye, où je fus accueilli dans la charmante famille de l'homme qui devait guider mes premiers pas.

J'y étais soigné on ne peut mieux, seulement je ne faisais guère de progrès, si bien qu'après un séjour de quatre ans je perdis le courage et le goût, et je décidai, m'imaginant avoir plus de dispositions pour les ,,humanités", d'apprendre le grec et le latin quitte à

La fileuse, d'après une étude.

entrer plus tard à l'université. Je piochai ferme en ce sens et m'initiai rapidement; à l'université les choses allèrent moins brillamment, mais je décrochai tout de même mon diplôme de candidat en philosophie et lettres, et j'obtins un emploi dans une école. Toutefois, depuis que j'avais rompu avec l'art, j'avais été pris d'un irrésistible regain d'affection pour mes premières amours, et il m'apparut de plus en plus clairement que je n'étais fait ni pour la science, ni pour l'enseignement. Grâce à la complaisance de mes bons parents je pus reprendre ma première vocation, après un arrêt de dix ans — précisément les années où le peintre s'instruit le plus. Au début je travaillai ailleurs: en 1874 j'arrivai à la Haye, où je subis aussitôt le prestige d'Israëls et de Bosboom, de Jacob Maris et de Mauve.

Durant cette trève de dix ans mes yeux s'étaient ouverts. Je me souviens du jour où je vis exposée à la vitrine d'un marchand d'estampes la gravure populaire d'après le tableau d'Israëls: un naufragé transporté dans les dunes. De ce tableau qui fut pour le peintre l'origine de sa renommée universelle, la simple reproduction me fit une impression que je n'avais encore jamais éprouvée; ce n'est peut être point la meilleure œuvre de l'illustre maître mais il y règne déjà ce sentiment intense si particulier à Israëls et qu'il a été le premier à introduire dans l'art contemporain; et pour moi, le groupe de figures sombres

Sortie de la bergerie, d'après un tableau

se détachant sur une grisaille monochrome avec une seule bande de lumière au bout de l'horizon, fut une initiation à un nouveau monde.

Une nouvelle émotion et un nouvel enseignement m'attendaient des années après dans l'atelier de Mauve. Je fus empoigné par ces tableaux, si attrayants et pourtant si simples. Tout y était d'une réalité presque banale. Les animaux n'y avaient point des attitudes avantageuses et ne formaient point des groupes pittoresques: les paysages étaient ceux d'une contrée „où il n'y avait rien à voir;" les ciels n'étaient guère „intéressants", tous immobiles, beaucoup pluvieux ou couverts. Mais c'était ici comme s'il se produisait le contraire de ce que je me représentais, c'était justement la chose ordinaire, le calme, la simplicité qui imposaient le tableau à l'attention du regardant. Depuis longtemps on m'avait appris à mépriser la peinture théâtrale; je savais qu'il ne faut faire „poser" ni les hommes, ni les animaux; mais je m'imaginais qu'on ne pouvait se dispenser entièrement de sacrifier à l'effet, qu'il fallait sacrifier dans une

certaine proportion aux conventions du pittoresque — et voici que m'était
fournie la plus saisissante preuve du contraire, je me trouvai en présence
d'un art à la fois aussi impressionnant et aussi… simple que possible. En un
mot je subis le charme puissant de la caractéristique d'un homme de génie et
de goût; et, pour me servir de l'expression même de Mauve, je fis pour de
bon connaissance avec le réel.

Et cette impression se renouvela aussi souvent que j'eus l'avantage de pouvoir
visiter Mauve; même les dernières fois qu'il me reçut à Laren. Chaque fois dans son atelier je fus saisi par des choses dont je n'avais encore jamais remarqué le pittoresque dans la nature même; chaque fois c'était comme si le monde ordinaire m'était révélé pour la première fois, et comme si j'avais toujours cherché jusqu'à présent le beau à côté; chaque fois la secousse, la commotion fut si violente que je ne puis mieux la comparer qu'à la sensation d'un gamin qui reçoit des gifles.

Je constatai ainsi que le fameux adage : n'est pas poète qui veut, est suscestible de cette variante : n'est pas naturel qui veut. Antoine Mauve! C'est le souffle réconfortant de la nature même qui ne cessera de s'exhaler pour moi de ton œuvre admirable !

Gardeuses de vaches, d'après une esquisse au pastel.

La fréquentation personnelle de Mauve devait avoir aussi le plus grand prix
pour un jeune peintre; il donnait volontiers un conseil ou un avis et se rapprochait, sous ce rapport, de Bosboom. C'est surtout en faisant de la critique
d'art moi même que j'ai apprécié la chaleur et la lucidité avec lesquelles ces
maîtres exprimaient leurs opinions.

J'avais été frappé plus d'une fois par la façon bizarre dont les „compte ren-
deurs" d'expositions ont coutume de parler peinture. Que leur jugement différât
sensiblement de celui des peintres mêmes me semblait assez naturel, car pour
savoir une chose il faut l'avoir apprise. Mais ce qui me choquait comme une

monstrueuse hérésie c'était leur manie de rechercher l'idée d'un tableau ailleurs
que dans la beauté intrinsèque de la peinture. Et chaque fois que dans un
journal semblables critiques rendaient l'opinion des profanes (et la leur) profondément ridicule en exaltant l'un ou l'autre tableau pour quantité de raisons
de la plus ébouriffante fantaisie, et qu'ils terminaient leur tartine flamboyante
par une phrase comme celle-ci: „Et voilà, messieurs, ce qui s'appelle peindre!"
je rageais intérieurement en souhaitant qu'il se trouvât enfin un peintre pour
répondre froidement à ce dispensateur de la réclame: „Non, monsieur, cela
s'appelle écrire!" De là, je sentis naître le besoin de m'édifier moi même sur
ce qu'on appelle la peinture et sur le
rôle du peintre. Heureusement *l'alma
mater* de Leide avait éveillé en son
indigne fils un souci de logique et
de clarté comme d'un style hollandais
adéquat à cette lucidité du raisonne-
ment. Je fus donc entraîné à écrire
quelques pages sous ce titre. La *mesure
de l'Art*, et qui parurent dans le *Gids*
de Septembre 1874. Je commençai par
m'insurger contre cette déplorable
manie qui consiste, arrêté devant un
tableau, à se demander d'abord:
„Qu'est-ce qu'il représente?" Puis à
appeler ce sujet l'idée du tableau et
à juger de l'importance de l'œuvre
d'après cette idée. En procédant ainsi
on arrivait à composer un long catalogue descriptif, mais non à faire un
article de vraie critique. Certes chacun
a le droit d'accorder personnellement
à tel *genre* ou à tel tableau la préférence sur les autres, et cela pour des
raisons qui n'ont rien à voir avec
l'art, mais vraiment on est en droit

Près de Noordwijck. d'après une esquisse.

d'exiger davantage de la critique. Il est curieux de voir le nombre de gens
raisonnables, instruits et intelligents qui se blousent et divaguent de la façon
la plus déplorable lorsqu'ils s'avisent d'écrire sur la peinture. Je ne citerai que
l'exemple d'un lettré des plus érudits qui après avoir rappelé les félicitations
qu'un contemporain de Rembrandt décernait à celui-ci pour avoir représenté
dans un de ses tableaux, Samson avec de longs cheveux et avoir assis les
gens de la noce non point sur des chaises mais sur des lits de repos, —
s'écriait avec un sérieux imperturbable: „Ceci nous prouve que parmi les contemporains de Rembrandt il s'en trouvait qui admiraient non seulement en lui

un pinceau habile mais encore un fin esprit." Ainsi ce qui a rendu Rembrandt
supérieur aux meilleurs peintres s'appelle l'habileté et chez lui le respect de l'exactitude des accessoires historiques livre la preuve de la finesse de son esprit!

„Ainsi, disais-je en substance, on appelle le sujet l'essence ou l'idée du
tableau, et les lignes, les couleurs en sont la forme, l'exécution, les côtés
matériels.... Il en résulte que l'idée du peintre n'est comprise qu'après que
l'on s'est enquis des objets qu'il représente, *qu'après avoir transposé le tout en
paroles* et en avoir reconstitué un ensemble. La peinture ne s'adresserait donc
point directement à l'esprit mais n'aurait qu'une signification symbolique et
demanderait à être traduite."

Dans le bois, d'après une esquisse, collection J. J. Tiele.

Je ne crus mieux pouvoir combattre cette manière de voir qu'en relatant la
genèse d'un tableau. Il en résulte à l'évidence que l'apparence extérieure de
la nature inspire au peintre la création d'un certain harmonieux ensemble de
lignes et de couleurs et que la représentation des objets n'est pas le but,
mais le moyen à l'aide duquel il s'efforce d'atteindre son idéal.

Par d'autres arguments encore j'arrivai à la conclusion, qu'une peinture n'a
de valeur en tant qu'œuvre d'art que si elle dégage une visible impression de
beauté, incapable d'être exprimée par des mots. Je me flattai d'établir que la
peinture est une forme substantielle de la poésie et que pour quiconque entend
son langage il existe un monde de couleurs et de lignes tout comme un monde
de sons pour le musicien. Une condition encore de la peinture (j'entends ici

la création de tableaux et non la décoration de surfaces) c'est d'exprimer un
idéal le plus élevé possible sous la forme d'un sujet naturel.

En outre j'entreprenais d'examiner comment des écrivains de la valeur du
professeur Opzoomer étaient tombés dans l'erreur commune à la foule, mais je ne
parvins à m'expliquer la chose que par le fait que beaucoup dont le goût du
beau visible n'est pas suffisamment développé pour comprendre l'idée du peintre,
et qui souhaitent pourtant à bon droit autre chose dans l'art que la simple
réprésentation des objets, sont enclins à chercher la signification d'un tableau là
où le peintre ne la découvrira jamais, notamment en dehors de ce beau visible.

Crépuscule du soir. d'après une esquisse au pastel.

„Il fut un temps où les peintres se soumettaient à ce préjugé qu'ils ne pouvaient réaliser leur idéal que là où d'autres avaient déjà trouvé le leur, un
temps où on ne créait le beau visible que dans des formes susceptibles
d'éveiller le souvenir d'un beau consacré depuis longtemps. Aux vieux maîtres
hollandais revient la gloire d'avoir été les premiers à s'affranchir de ce joug.
Nos anciens peintres ne se demandaient pas: que veut l'Eglise ou que veulent
les poètes; mais bien: que veut mon propre idéal? Que leur importait si cet
idéal revêtait dans leur imagination des formes qui ne convenaient pas à un
autre parce que celui-ci n'y avait jamais découvert le moindre idéal auparavant;
ils n'avaient d'autre but que celui d'exprimer la beauté.

„Soir d'hiver"
D'APRÈS UN TABLEAU
appartenant à M. Grimoni à Bologne

A SUPPRIMER

„Or, on serait en droit d'attendre que dans un pays qui a produit de tels hommes on se fasse une juste idée de l'essence de l'art. En supposant que les grands maîtres hollandais n'eussent pas existé et que quelqu'un s'avisât alors d'exposer les raisons que j'essaie de développer ici, on serait en droit de lui répondre: „De quoi vous mêlez-vous? Attendez que de grands peintres se soient imposés et alors il sera temps de rompre avec ce que vous appelez une hérésie."

Mais il semble que l'exemple des vieux maîtres hollandais n'a pas porté de fruits. Et cependant leur œuvre splendide aurait du trancher à jamais le débat.

Visitez le musée Van der Hoop, 1) et vous y trouverez une série de morceaux admirables qui, conformément à l'esprit que je combats ici, ne seraient que des

Charettes de sable, d'après un tableau.

balivernes, à côté de toiles plus récentes dont beaucoup si tapageuses et si laides, qu'il semble qu'elles aient été placées là pour servir de repoussoir aux premières. Or ces toiles modernes, cette abominable peinture est incontestablement farcie des plus belles idées! Par une écrasante abondance de chefs d'œuvre les vieux peintres hollandais nous ont démontré qu'en se contentant du beau visible l'inspiration parvient pourtant à nous élever jusqu'aux plus sublimes hauteurs de la poésie idéale....

Par ce qui précède on comprendra combien je fus désagréablement surpris quand je lus quatre ans après dans le *Tijdspiegel* (Le miroirs du temps) les lignes suivantes sous la signature de M. C. Vosmaer: „Le quatrième chapitre de l'ouvrage de Fromentin (*Les maîtres d'autrefois*) traite d'une question qui a

---

1) Le musée existait encore sous ce nom, quand ces lignes furent écrites.

été déjà discutée ici, mais où je me réjouis de me rencontrer avec le maître français. La valeur technique de l'école du XVIIe siècle est si prodigieuse que depuis deux siècles elle n'a cessé d'éblouir le monde et qu'elle nous a fait

Chemin dans les dunes.

fermer les yeux sur ce que cette école présente d'imperfection. En quelque grande admiration que Fromentin la tienne il s'étonne à bon droit d'y trouver l'absence absolue de ce que nous appelons un sujet. Cette école ne songeait

La nuitée des moutons à Drenthe, d'après un dessin de la collection R. W. Mesdag.

Charette de sable, d'après un dessin de la collection J. J. Tiele.

qu'a la belle peinture; elle laissait hors de compte l'imagination et le sentiment."

C'est donc en ces termes que l'estimable écrivain édifie le peuple néerlandais sur la valeur de ses maîtres! Ainsi, peindre comme le faisaient ces grands

Hiver, d'après un dessin.

maitres, n'est plus qu'un travail technique d'où sont exclus tout sentiment et toute imagination !

Aussi m'empressai-je de reprendre la plume et d'écrire pour le *Gids* de janvier 1879, un petit essai intitulé *Valeur de l'art* et dans lequel je disais entr'autres: „Représentez vous, cher lecteur, quelqu'un qui, sans avoir d'opinion personnelle sur les vieux peintres hollandais, possède une saine intelligence et qui, à la lecture du jugement reproduit plus haut, se souvient de tout ce qui a déjà été fait par M. Vosmaer et d'autres pour répandre le plus de lumière possible sur l'histoire de ces artistes, et de tout ce que l'on ne cesse de mettre en œuvre pour mettre chacun en mesure d'apprendre à connaître ces tableaux. Cette personne ne devra-t-elle point se demander: „A quoi bon se donner tant de mal pour ces misérables barbouilleurs? Qu'importe à l'univers s'il vivait il y a une couple de siècles un groupe d'ouvriers habiles et patients dénués de tout sentiment et de toute culture essentielle ou du moins qui travaillaient de telle manière que

Un pensionné, d'après un croquis au pastel.

dans leurs œuvres on ne trouve pas la moindre trace de sentiment ou d'imagination. Pourquoi, alors, parler de ces manœuvres comme s'il s'agissait de véritables artistes? Appelons les plutôt des faiseurs de tours et avouons que nous pourrions nous en passer aussi longtemps qu'il existera des prestidigitateurs, et des funambules. Ceux-ci déploient tout autant d'art dans leurs exercices et ne sont pas moins divertissants. Que vient-on me chanter des côtés inférieurs de pareils acrobates ! Jusqu'à présent je m'imaginais que l'artiste pouvait aussi peu se passer des qualités qui auraient fait défaut à nos vieux peintres hollandais, qu'un savant de sa cervelle ou que tout homme de son sang !

„Et en vérité, je ne trouverais rien à répondre au brave homme qui m'ouvrirait ainsi son cœur, et si les vieux maitres hollandais étaient ainsi qu'on le prétend dans le morceau précité, ils seraient vraiment indignes de l'attention des honnêtes gens. Le mépris avec lequel Louis XIV prononça son fameux: „Otez moi ces magots !" serait parfaitement justifié; car on ne saurait être trop sévère pour l'adresse qui veut se faire passer pour de l'art."

„Mais, continuais je, il y aurait aussi lieu de se demander si les vieux Hollandais sont moins parfaits à cause de l'absence de ce qu'on appelle un sujet; et avant tout *si la beauté que nous admirons chez eux n'est que le résultat de leur habileté technique.*"

Et après quelques considérations je finissais par déclarer qu'il fallait répondre négativement à ces deux questions. J'avais eu la chance de rencontrer dans une poésie de Bilderdijck intitulée la „Peinture", des vers prouvant que sans

Pastel.

être lui même un peintre (cela ressort d'un autre passage de la même pièce) il se faisait une idée très saine de l'essence même de la peinture. Je ne puis me dispenser de reproduire ici la traduction de ces vers puissants et colorés que je mis comme épigraphe à la tête de mon article:

Que le commun des mortels s'attarde dans la copie servile de tes traits,
Nature! il appartient à l'Art de découvrir ta Beauté !
. . . .

Son but n'est pas d'exprimer la nature en imitateur.
Il est la beauté! Il est la splendeur!
Toi, Beauté, image divine! toi la vérité même, qui s'enveloppe
D'un vêtement humain là où elle tolère nos regards,
Et, afin de ne pas nous éblouir les yeux par son éclat,
Se dissimule elle même dans la matière que nous peignons,

Aux bords du fleuve, d'après un tableau.

O Beauté c'est à toi que nous apportons toutes nos offrandes !
. . . .
En vain tu t'ingènies à combiner la forme, la lumière et la couleur,
Si tu ne prêtes une âme à l'image, si ton esprit ne pénètre pas ton œuvre,
L'habileté, l'application n'enfante que le monstre.
. . . .
C'est l'âme qui fait jaillir le verbe de la poitrine,
C'est elle aussi qui anime ta couleur intrépide ou moelleuse!
. . . .
Oh ne respire que pour le Beau! Partout où s'arrêtent tes yeux
L'art fait de la beauté, même avec ce qui t'en semble la négation.

Je n'aurais pu trouver mieux. C'était comme si Bilderdijck lui même me fournissait le texte de mon homélie.

Dans cet essai je constatai aussi avec plaisir cette particularité remarquable, que Fromentin contredisait dans tout le reste de son livre le passage dont M. Vosmaer s'était réjoui comme d'une corroboration de son opinion personnelle. En effet s'il verse dans l'erreur générale en parlant de la peinture néerlandaise partout ailleurs, là où il s'occupe de chaque peintre en particulier son livre fourmille de preuves qu'il pensait tout autrement sur leur compte que ce que le passage relevé par M. Vosmaer aurait pu nous faire croire. Ainsi en parlant de Rembrandt, sous sa plume ne cessent d'abonder des termes de cet enthousiasme: „créateur inspiré, . . . avant tout un visionnaire. . . . un pur spiritualiste . . . . un idéologue, je veux dire un esprit dont le domaine est celui des idées et la langue celle des idées . . . pas une touche qui ne soit pathétique et contenue; tout cela dicté par une émotion profonde."

Ainsi que je l'ai dit tout cela n'empêchera pas l'auteur d'écrire dans son quatrième chapître: „On se passa d'imagination", et d'autres bizarreries.

Au surplus je reformulai mon ancien grief contre les écrivains en rappelant qu'ils ne se préoccupent généralement que de deux choses: 1º. une idée de nature littéraire (c'est à dire: non point l'idée pittoresque du peintre, mais bien ce qui prêterait à une transposition verbale de l'œuvre peinte); 2º. la copie plus ou moins exacte de la nature; — et de cette façon il n'y a plus place dans leur appréciation pour *l'idéal artistique* poursuivi par le peintre.

Je profitai encore une fois de l'occasion pour définir l'activité du peintre:

„Etre poète signifie exprimer par des formes personnelles et spontanées son propre sentiment du Beau. Le peintre a besoin de beauté tangible 1). La

Dans le bois, d'après un dessin.

---

1) Il n'est peut être pas superflu de faire remarquer ici qu'en général en faisant de la critique d'art l'auteur se représente un artiste conforme à son idéal. Naturellement personne ne répond complétement à cet idéal d'ailleurs souvent très vague.

nature extérieure éveille en lui des idées de beauté qui se condensent graduellement en son imagination en un harmonieux ensemble répondant à son sens de la perfection. Afin de rendre cette vision par une image, il emprunte sa forme à sa nature; il lui faut faire un choix des objets qu'elle lui offre, et par conséquent, ne point copier ceux-ci, mais les créer à nouveau, de manière à ce qu'ils répondent à l'harmonie de lignes et de couleurs qui s'est formée en son esprit 1). Il en résulte un tout dont rien ne peut être retranché, à quoi rien ne peut être ajouté, où tout est absolument indispensable. Il n'est point de détail dans la nature que son imagination ne transforme au profit de son idéal, alors que par une imitation indifférente (même si la chose était possible) il ne parviendrait jamais à exprimer cette idée 2). C'est à tort que l'on parle souvent de la suppression de ce qui n'est pas beau dans la nature ou de nouveaux agréments ajoutés à celle-ci. Le travail de l'imagination ne doit pas être considéré comme mécanique mais bien comme chimique. Par elle tout ce qui est visible pour tous devient pour le peintre un autre *corps* répondant aux affinités établies par sa sensibilité personnelle. Par elle la représentation du moindre objet répond à un sentiment de beauté; le moindre mouvement, la moindre nuance dans un tableau est fixée au profit de l'idée de beauté quoique en apparence le tableau n'ait l'air que d'une interprétation quelconque de la nature à laquelle le talent et les moyens matériels du peintre se prêtaient sans aucun souci de beauté et d'idéal personnels."

Il va de soi que c'est aux peintres que s'adressaient le moins ces considérations, vu que je n'ai fait que décrire tant bien que mal leur façon d'entendre et de pratiquer leur art 3). Toutefois rien ne m'a été plus agréable que leur

1) Les dénominations lignes et couleurs méritent qu'on s'y arrête. Par lignes nous entendons moins les contours des objets que les limites plus sensibles aux yeux des couleurs ou de la lumière et des ombres, de sorte que souvent dans un tableau les lignes passent souvent d'un objet à l'autre, se fondent en d'autres endroits; ou, ailleurs, ne se distinguent plus. De sorte qu'un tableau peut parfaitement se recommander par la beauté de ses lignes, sans qu'on y rencontre le moindre modèle de plastiques objets. Par couleur j'entendais aussi la lumière et l'ombre, et en général tout ce qu'on entend par ton. Je tiens encore à constater ici que généralement tant au point de vue des lignes que des couleurs on ne tient aucun compte des mouvements et des arrangements de couleurs dont l'importance est prépondérante pour tout sentiment de beauté un peu développé, vu qu'ils déterminent le caractère et l'expression de la ligne et de la couleur. Ce sont là des mouvements qui ne peuvent être exprimés en peinture que par un sentiment très vivace quoiqu'ils paraissent souvent n'être dus qu'au hasard; des nuances dont sera toujours dépouillée une copie servile, de sorte que celle-ci ne rendra que fort imparfaitement la conception de l'original, et que toute vie semblera en être absente. Ce sont des indications de vigueur, de légèreté, de souplesse, de vivacité, de longueur: des transparences, des ardeurs, des effluves et des frissons, des riens fluides et mystérieux, que les mots parviennent à peine à exprimer, et qui représentent aux yeux du peintre l'essentiel de la poésie de la nature visible. C'est à cette particularité qu'il faut attribuer entr'autres cette circonstance que la beauté que l'artiste rencontre dans la nature peut être rendue par d'autres moyens que ceux que fournit la peinture à l'huile; pour ne parler que de l'eauforte?

2) Tous les peintres ne sont peut-être pas de cet avis. Rappelons les paroles de Toepffer dans son excellent petit livre: *Réflexions à propos d'un peintre Genévois*: "Qui donc n'a pas rencontré tels peintres, et parmi les plus excellents, qui imitent de la façon la plus libre, la plus belle, la plus poétique, tout en ne croyant que copier humblement, servilement. M. Jourdain faisait de la prose, eux, c'est de la poésie qu'ils font sans le savoir.

3) Je suis aussi reconnaissant envers mon ami J. van de Sande Bakhuyzen pour maint excellent conseil se rattachant à ce travail.

approbation. Je songe souvent à Bosboom, qui me la témoigna à plusieurs reprises. Que ne puis-je l'entendre encore, lors d'une de ses promenades matinales par la ville, s'écrier de loin en venant à ma rencontre: „Je viens de relire votre excellent article!" Inutile de vous dire combien j'en étais flatté. Idéaliste moi même, jétais enchanté d'avoir mis en lumière le souci de l'idéal comme l'essence même de tout art. Et ce dont je suis le plus fier c'est d'avoir pu proclamer la réelle grandeur des Anciens Hollandais, en me basant sur des arguments empruntés à la condition même de l'art et fortifiés par mon expérience de peintre.

F. P. ter Meulen

PHILIPPE LOUIS JACQUES FRÉDERIC SADÉE

PAR

JOHAN GRAM.

Sur la plage, d'après un tableau. Collection Hoevenaar van Geldrop.

PHILIPPE LOUIS JACQUES FRÉDERIC SADÉE.

Par un beau matin d'été, il y a environ quarante ans, une demi douzaine de
jeunes gens réunis dans un grenier du marché au Bois à La Haye,
converti en un atelier de peinture, étaient en train de peindre d'après un
modèle exposé au plein jour tombant de la fenetre en tabatière. On avait
fait prendre au rude garçon la pose de Mucius Scævola au moment où le
stoïque Romain expose sa main à la flamme du brasier. Mucius Scævola
qui, dans la vie courante, répondait au nom de Hein, diminutif d'Henri, et
cumulait les professions de saute-ruisseau chez un pharmacien et d'allumeur de
reverbères, se tenait donc là, sans se rendre compte de son importance, en

tunique romaine, la main droite froidement posée sur une caisse à cigares
— figurant le brasier — et que supportait une caisse plus grande destinée à
contenir de la tourbe.

Elle avait autant de ressemblance avec le courageux Romain que ce galetas
dégarni et maussade en avait avec un confortable et élégant atelier de peinture.
On avait accès par un véritable casse-cou à ce pigeonnier divisé en deux com-
partiments. Les mûrs originairement peints en gris avaient fourni un vaste
champ à la fantaisie pétulante des rapins et étaient couverts d'ébauches à la
craie blanche, de bambochades, de paysages chimériques, de charges, de noms
et d'adresses de modèles Dans un coin se dressait un squelette, aux charnières
de cuivre, portant sur le front cette inscription macabre: *Ci-devant millionnaire.*

Les pauvres du village.

Tel était l'atelier du peintre J. E. J. van den Berg, que la gent barbouillante
appelait le professeur, et que ses disciples traitaient de *baas* ou de patron.
Ces disciples si assidus au travail étaient: Tom Cool, Taco Scheltema, Kachel,
de Famors Testas, et l'auteur de cette notice. Van den Berg était le pontife
de l'art classique, il estimait que sans une base sérieuse d'études scientifiques
il n'y avait point d'œuvre d'art. Il méprisait, il vilipendait tout cet art romantique qu'il voyait sévir et grouiller autour de lui. Dans son atelier ne recevant
qu'une lumière avare, assis devant sa table, le compas ou l'équerre à la main,
plongé dans un problème de perspective, cet homme sombre et pâle faisait
plutôt songer à un moderne Spinoza qu'à un arrière-neveu de Jan Steen et
d'Ostade. Un squelette grimaçant dans un coin poudreux et sombre, une

couple de bibliothèques vétustes garnies de vénérables in-folios, quelques études rapportées d'Italie, tel était le fond sur lequel se détachait cette figure austère, qui s'était retirée de plus en plus du monde pour se vouer entièrement aux théories et aux côtés scientifiques de l'art. Notre professeur, adorateur de

L'attente.

David, respectueux continuateur de Scheffer, trouvant sa plus grande jouissance artistique dans la Vénus de Milo ou l'Appollon du Belvédère — notre professeur était toujours entouré de nombreux élèves. Et, quoique tous les chemins conduisent à Rome, ces deux chambres de torture ont arraché bien des soupirs aux pauvres novices qui y passaient des jours entiers, à pâlir sur des cours d'anatomie, de proportion et de perspective, ce pain sec de l'art, au lieu de pouvoir peindre, la palette à la main, en plein air et devant la libre nature. Mais le *baas* était irréductible. „Peindre c'est dessiner avec de la couleur, vaticinait-il, et comment pourrez-vous jamais produire quelque chose de passable, si votre main ne s'est d'abord appliquée à rendre exactement la forme des objets." Et à l'appui de son dire il nous contait la vie des grands artistes, Michel Ange, Léonard de Vinci et tant d'autres, qui avaient étudié avec tant de zèle et de persévérance la partie théorique de leur art.

Le matin en question le *baas*, enveloppé dans sa robe de chambre de velours noir et coiffé d'un bonnet de la même étoffe, entra dans l'atelier suivi d'un adolescent d'une quinzaine d'années qu'il nous présenta cordialement en ces

Croquis.

termes: „Mes garçons, je vous présente un nouveau camarade, Sadée, qui désire aussi se consacrer à l'art!" Mucius Scævola toisa le nouveau d'un regard protecteur, les élèves se levèrent et échangèrent une poignée de main avec lui, et il fut installé dans le compartiment de derrière, réservé aux débutants, lequel avec son coffre rempli d'ossements humains, et son pupitre en plan incliné servant aux études de perspective, représentait assez bien le purgatoire des sciences théoriques. Ici, il s'agissait pour le commençant de donner un échantillon de son savoir-faire en dessinant d'après un masque de plâtre. Il lui fallait aussi être à l'épreuve des taquineries et des brimades des anciens qui ne se faisaient pas faute de venir tirer le Benjamin par le nez ou de lui jouer force méchants tours.

Cette fois, lorsque le plâtre eut été porté aussi scrupuleusement que possible sur le papier et que le jeune homme eut soumis spontanément son *maiden*

Le jeu de quilles, d'après un tableau.

pièce à ses ainés en leur demandant leur avis, ceux-ci se sentirent pris de sympathie pour lui et ne tardèrent pas à l'accueillir amicalement comme leur égal, comme leur pair.

Le *baas* n'était pas le dernier à porter le Benjamin dans son cœur, car tout ce que le maitre estimait indispensable à l'éducation d'un artiste, cet élève le tenait aussi, avec une aveugle confiance, une foi absolue en la parole professorale — pour la source, la condition essentielle de l'art. Et quelque envie qu'il nourrit de s'escrimer de la palette et des pinceaux, lorsque le maitre l'avait ordonné, il se ceignait les reins du cilice et s'enfonçait durant des jours dans les déserts arides de l'anatomie et de la perspective.

Et pourtant si jamais élèves d'un atelier justifièrent par la suite le proverbe :

Croquis.

„chassez le naturel il revient au galop" ce furent bien les enfants spirituels de ce savant et excellent Van den Berg. Bakkerdorff qui s'était prêté si longtemps à la tutelle du digne homme, finit par blaireauter des panneaux lilliputiens avec une minutie digne de Meissonier, mais qui n'auraient certes point trouvé grâce aux yeux du docte professeur. De Fomars Testas se fit un renom par une série de scènes populaires en Orient et de nombreuses illustrations dans le goût romantique. Taco Scheltema, qui avait eu les oreilles constamment rebattues des Grecs et des Romains, mit au jour une couple de menus tableaux de genre qui suffirent pour faire sa réputation durant sa trop courte carrière.

Tom Cool ne tarda pas à délaisser l'art classique, pour puiser avec succès aux sources de la vie des paysans de la Gueldre.

Tel fut aussi le cas pour Sadée. Proprement stylé, traitant tout avec ce soin et cette pondération qui lui étaient naturels et qui avaient fait de lui le favori de son maitre, ce fut en tunique et en peplum que son art fit sa première apparition devant le public. C'était un reflet de l'art et des tendances de son maitre, comme il arrive généralement pour ceux qui débutent. Mais à mesure qu'une jeune plante est enlevée aux soins du cultivateur elle se développera plus librement et elle portera ses fleurs et ses fruits avec plus d'indépendance. En 1857 Sadée exposa son premier tableau à La Haye, sa ville natale : *Pierre Hasselaar fait prisonnier à Haarlem.* Deux ans après il peignit les *Frères Espagnols*, qu'il fit suivre de quelques sujets bibliques : *Jean éloignant la Vierge de la Croix*, *Jésus et la Samaritaine* et d'autres scènes du Nouveau Testament.

Puis Sadée prit le bâton du voyageur et s'en fut en Allemagne, parcourut la Hesse et la Souabe, se sentit attiré par la vie populaire, et y peignit une série d'études. Tout lui était enchantement : une cascade dans la Forêt Noire ou une clairière, un sentier sous bois, l'original costume des paysans et paysannes de la Hesse autant que le paysage ou une rue de village. Armé du carnet et de la boîte à couleurs, il ne laissait rien échapper de ce qui tentait son œil de peintre ; il fit la connaissance de confrères allemands, fraternisa avec la colonie de Dusseldorf, et nous plongea tous dans la surprise, lors de l'exposition de 1866 à la Haye, avec sa *Sortie de l'église au village* et son *Retour de Baptême*.

Les Glaneuses, d'après le tableau du musée de l'Etat, à Amsterdam.

Oui, ce fut une véritable surprise ! Il me semble assister encore au ravissement de la plupart des amateurs devant cette conversion inattendue. Quelle vie et quelle âme dans cette composition de haut goût ! Le jeune artiste n'avait pu se débarrasser complètement de l'influence de l'école de Dusseldorf, mais la fraîche vie rurale, l'impression de cordiale nature que son art nous apportait enchanta tout le monde, aussi bien les initiés que les profanes. Le jeune peintre qui n'avait rêvé jusque là que héros grecs, pieux personnages, saintes femmes ou des faits émouvants de notre histoire passée, avait été transformé, complètement „retourné" par la réalité, par la vie autour de lui. Et pourtant dans l'interprétation de cette réalité, dans la conception de ces figures populaires tout révélait l'éducation originelle ; à chaque scène nouvelle, à chaque pas en avant sur le terrain nouvellement conquis, il était merveilleusement servi par sa connaissance approfondie de la figure humaine. Vosmær a écrit quelque part: „L'ensemble d'une vie d'artiste est une succession de divers genres, dont les tons et les couleurs paraissent se détacher et trancher vivement les uns sur les autres, mais dont les frontières se mêlent et se confondent. La biographie d'un artiste est forcément incomplète si l'on ignore son maître et ses ascendants." Il en fut de même ici. L'influence du probe Van den Berg, qui avait imprégné Sadée de la beauté de lignes d'une composition, qui lui avait anobli le goût et qui, à force de travail et de pratique, lui avait fait acquérir cette perfection dans le rendu de l'attitude et du caractère des figures — cette influence était et est encore sensible dans l'art de Sadée.

Il ne devait point continuer à départir exclusivement ses faveurs aux bons rustres de l'Allemagne. Quoiqu'il continuât à voyager et à se complaire l'été dans ces cordiales contrées, cet enfant de la Haye ne tarda point, après avoir étudié la vie des paysans de la Hesse et de la Souabe, à se tourner vers la vie de nos pêcheurs, et à la suivre, à la traduire aussi dans toutes ses phases,

Croquis.

dans ses souffrances comme dans ses joies, dans sa quiétude et dans ses épreuves.

Schéveningue devint son champ d'observation. Avec sa conscience et son exactitude natives Sadée étudia ce peuple si original dans tous ses faits et gestes, tira un parti encore inédit de son pittoresque costume et surtout de sa façon de le porter, et il élabora, en quelque sorte, en une série de tableaux et de dessins toute l'histoire des pêcheurs de Schéveningue. Cette nouvelle inclination de Sadée fut révélée en 1867 au public, lors de l'Exposition de Rotterdam, où il envoya son *Père sur l'Océan*. Cette fois encore tout le monde fut enchanté de cette nouvelle évolution dans l'art de Sadée, et les collectionneurs prouvèrent cet engouement en se disputant toutes les productions dues à la main si artiste du bon peintre.

D'ailleurs sur ce terrain déjà foulé par tant d'autres, Sadée faisait valoir une conception originale et une facture non moins personnelle. Il rend la vie des

Le Zuiderzee près de Hoorn, d'après une esquisse à l'huile.

pêcheurs à sa propre manière, et il lui imprime un cachet tout particulier, dont il est le seul détenteur. Ses petits tableaux se recommandent avant tout par un dessin extrêmement soigné, par le choix des attitudes, par le goût dans le groupement, lesquels, sans nuire au naturel et à la réalité de ces scènes, attestent la main experte et le souci inventif de l'artiste. Dans le choix de l'étoffage qui demeure toujours large et simple, comme dans les lignes de la composition, on n'en retrouve pas moins l'ancien élève du maître classique, qui a tiré largement profit de l'étude des grands artistes préférés de celui-ci: les Grecs, les Italiens, le Poussin et tant d'autres.

Généralement les scènes de Sadée sont fort simples, mais bien observées et composées avec grand soin. C'est seulement en farfouillant dans les portefeuilles d'études et de croquis du maître, qu'on se rend compte de la peine, de la persévérance, de l'application qu'il a fallu à ce consciencieux artiste, avant de mettre en scène chaque personnage, chaque objet, de la façon à la fois la plus naturelle et la plus avantageuse. N'allez donc pas imaginer qu'après avoir bien mûri

Croquis.

et pour ainsi dire arrêté sa composition Sadée fasse poser l'un après l'autre, chaque modèle de ses figures, et cela jusqu'à épuisement de la série. Il n'en fait rien et il a raison, car il en résulterait quelque chose de frigide et d'emprunté dans ces figures. Non, l'artiste a pris sur le vif l'une ou l'autre attitude et il l'a transportée d'emblée dans son carnet de croquis. C'est cette attitude qu'il fera prendre durant un rien de temps, ne fût-ce que quelques minutes, par son modèle. A la fois rapide et correcte sa plume à dessiner prendra deux, trois ou quatre instantanés de cette pose. Plus tard notre probe artiste compare et examine ces diverses études et finit par choisir celle qui décidément „rentrerait" le mieux dans sa composition. Cette composition étant arrêtée, l'excellente mémoire et la profonde science de l'artiste se chargent du couronnement de l'œuvre. De là cet abandon et ce naturel, cette vie et cette spontanéité de mouvement de ses figures.

En passant en revue le cycle de la vie de pêcheurs de Sadée, cette existence s'y résume et s'y déroule complètement, avec sa lumière et ses ombres. On l'y retrouve depuis la plus grande joie jusqu'à la peine la plus profonde: depuis la plus radieuse aisance jusqu'à la plus cruelle détresse. Dans la *Veuve*, seule, sur la dune, contemplant l'océan, c'est-à-dire la tombe de son époux, — le peintre nous fait envisager la tragédie de la vie des pêcheurs; dans son *Jour de distribution de secours* (1872) il nous montre une page saisissante de la misère des humbles. Beaucoup tiennent ce tableau pour une des plus remarquables créations de Sadée. La distribution a lieu dans l'église, dont le portail est assiégé par un groupe de pauvres et de pauvresses. On est frappé par la diversité des types, la variété des attitudes et des gestes; une des caractéristiques de l'artiste. Les petits vieux tout déjetés ne sont pas moins bien „exprimés" et „sentis" que les jeunes montrant l'insouciance et la santé relative de leur âge. L'atmosphère, l'accent, et aussi l'éclairage de ce *Bedeelingsdag* sont d'une réussite presque géniale.

Croquis.

Une autre fois il nous conduit sur la plage quand les *pinken* (péniches) ont appareillé et que femmes et enfants s'en retournent au village; une femme reste en arrière et se retourne une dernière fois. Par l'expression qu'il donne à cette femme et à son enfant non moins anxieux et effarouché, Sadée tire un véritable chef-œuvre de ce pauvre ménage.

L'on comprend que le peintre ait repris plusieurs fois le même sujet en y apportant de légères variantes: tantôt c'est un groupe de femmes suivant des yeux les chaloupes qui s'éloignent (*après le départ*); tantôt, (*après le tempête*) les femmes tremblantes, et le cœur pantelant attendent ce que la mer leur a réservé de deuil. Autant de scènes ressenties, éprouvées dirait-on, rendues d'une façon poignante.

Mais il n'y a pas que misères et naufrages dans la vie du pêcheur. Lorsque la chaloupe rentre au port, copieusement chargée, et que le poisson se décharge à pleines mannes sur le sable de la plage, ce sont des effusions, des démonstrations d'allégresse exubérante et houleuse. Là encore, Sadée se montre un magistral interprète. Un ciel serein plane au-dessus de la mer houleuse et la plage grise s'étend à l'infini, plus loin que le regard peut porter. La mêlée et l'agitation de la clientèle autour de la marée sont rendues de façon topique; les choses se passent bien ainsi dans la réalité; toutefois l'artiste y ajoute on ne sait quelle élégance et quelle saveur inattendues. (Exposition de Munich en 1888. *Sur la Plage*).

Ce ne sont pas des effets violents, de saisissantes oppositions de lumière et d'ombre, que Sadée cherche à rendre de préférence. Ordinairement, comme ambiances de ses groupes de pêcheurs, il choisit une journée sereine et radieuse, et il introduit dans ce décor une poésie qui ennoblit sans la dénaturer la réalité de la scène qui s'y passe.

Une autre fois ses bonnes gens de Schéveningue s'en vont déraciner les pommes de terre; et, avec son sentiment des nobles lignes, le peintre tire un tel parti des figures rustiques qui s'en retournent déjà chargées, que le tableau s'est pour ainsi dire gravé dans la rétine de tous ceux qui l'ont vu. Ou bien ce sont les *Glaneuses* (Musée de l'Etat à Amsterdam) dans un de ces paysages émus qui corsent encore l'impression donnée par les personnages.

Il est plus rare que Sadée nous montre son intéressant monde dans ses foyers ou vaquant à des besognes sédentaires. Et pourtant il excellerait tout autant dans ces scènes que dans les autres, à preuve la *coresse* ou *saurisserie* de harengs (1878) qui fit regretter qu'il ne peignît pas plus souvent semblables intérieurs. Une de ses dernières œuvres, exposée à Munich en 1892, s'intitule *A l'église de Schéveningue*, et rassemble une variété de types villageois, admirablement groupés sous un coup de lumière intense qui en fait ressortir les physionomies. Mais pour un artiste doué comme Sadée la plage de Schéveningue offre tant de ressources qu'il éprouve rarement le besoin de s'en éloigner pour chercher ailleurs des motifs attachants.

Croquis.

Il n'y a qu'à parcourir les portefeuilles et carnets de notre peintre pour s'édifier sur l'importance de son capital artistique. Ou est ébloui par l'abondance et la variété des sujets, des groupes et des compositions. Mais en dehors des esquisses se rapportant à Schéveningue, on y trouve quantité d'études et de croquis qu'on ne s'attendait pas à y rencontrer. Il n'est point de contrée, de milieu pittoresque visité par le peintre dont il n'ait tiré quelque chose. A tout instant le carnet de croquis est retiré de sa poche et, avec cette main à la fois ferme et souple qu'il se fit chez Van den Berg, au moyen de quelques lignes et de quelques tons plats, il a fixé l'objet, le paysage, la figure qui l'intéresse. Rentré chez lui cette pochade devient une étude plus fouillée et de proportions plus vastes, qui représente pour le touriste le plus précieux et le plus fidèle des souvenirs.

Il a gardé cette bonne habitude de la méthode de travail apprise chez son maitre. A l'époque où ils travaillaient dans le grenier du digne homme, les élèves étaient tenus de dessiner de mémoire et à leur choix l'une ou l'autre

„Le Jour des Morts au cimetière Montmartre à Paris
D'APRÈS UN TABLEAU.

A SUPPRIMER

A l'église, d'après un tableau.

des gravures exposées à la vitrine de Van Gogh, le marchand de tableaux, établi sur le Spui, à Amsterdam. Sadée se fit ainsi une collection d'esquisses qu'on aurait peine à prendre pour des copies ou du moins des peintures exécutées de mémoire.

Tout ce qui prêtait à la peinture et à sa façon d'entendre l'art a été glané et picoré par l'artiste au cours de ses nombreuses excursions tant au pays qu'à l'étranger. Voilà une vue de la gare de la Haye par un temps de pluie et d'automne. Le peintre a été saisi par un puissant effet de lumière et a rendu son impression telle quelle. Une autre fois il est empoigné par le spectacle du marché de Nimègue; à la hâte il en rapporte les grandes lignes et la

Après la tempête, d'après un tableau.

masse houleuse sur son carnet, et, de retour, ces indications lui suffisent pour en tirer une étude à l'huile des plus vivantes.

Et ce sont encore des souvenirs d'un séjour à Munich, d'un voyage dans le Tyrol italien, d'une excursion aux Dolomites en compagnie de son ami Hendriks, le portraitiste bien connu d'Arnhem. Lui aussi, prise comme ils doivent l'être ces roches aux cimes si bizarrement conformées et dont l'aspect fantastique inspira une description suggestive à Nievelt. En quelques traits de crayon, en quelques touches de couleur, Sadée fournit une merveilleuse illustration de cette page célèbre de Nieveldt.

Et il a peint de cette façon Amsterdam et le Zuiderzee, Venise aussi bien

que Maestricht et Paris: tous les coins et les types pittoresques de la campagne
et de la ville, des eaux, des prés et des monts, ont payé tribut à son carnet
de route. Ainsi, à Paris, sa ferveur fut un jour sollicitée par un soleil couchant
dans le cimetière Montmartre, et la procession des figures fantômales, descendant les degrés de la sortie. Procédant ainsi que nous l'avons déjà dit, il fit
de souvenir, et grâce à quelques traits et quelques taches, lui servant d'aide
mémoire et de points de repère, un admirable tableau, peut-être un des meilleurs qu'il ait brossés, et qui appartient aujourd'hui à la reine mère Emma.

Si le public ignore ces multiples vues de ville et de village, les impressions
de Paris et d'ailleurs, la faute n'en est pas à l'artiste mais au public même qui

Amsterdam, d'après une esquisse à l'huile.

ne lui réclame avec avidité que des vues de la Haye, de Schéveningue, avec
des groupes de pêcheurs. L'Angleterre se montre particulièrement insatiable.
Sadée suffit même à peine à la demande de ces consommateurs; encore moins
trouve-t-il le temps, et cela malgré son désir, de consacrer ses pinceaux à des
sujets moins rabâchés. Les rares fois qu'il peut échapper à ce qu'on pourrait
appeler son œuvre forcée, il crée des toiles au moins aussi belles que ses
scènes de Schéveningue: *La partie de quilles, les Pauvres du village*, impressions
rapportées du Limbourg, *le cimetière de Montmartre* et un *Jardin de couvent* à
Maestricht. Ce dernier tableau, très lumineux (des nonnes et des enfants) fit
sensation à l'exposition de Bruxelles, en 1898.

Le Marché de Nimègue, d'après une esquisse à l'huile

Tel artiste, tel atelier: coquet et confortable, sans encombrement, tel est l'atelier de Sadée dans sa demeure de la rue De Riemer. Des reproductions et des études d'après l'antique. Aux parois, des copies de Jan Steen, Ceroso, Rembrandt et Murillo du „Mauritshuis", attestent la parfaite technique et le beau métier du maître. Et c'est dans ce milieu calme et riant, délicieusement intimiste, que le peintre poursuit son œuvre tant admirée. Rappelons, pour finir, qu'il naquit le 7 Février 1837 à la Haye, qu'il a obtenu nombre de médailles d'honneur d'or et d'argent, qu'il est chevalier de l'ordre de Saint-Michel et de l'ordre de Léopold de Belgique.

W. B. THOLEN

PAR

X.

Le matin à la ville, d'après un tableau.

W. B. THOLEN.

Nous avons accepté avec empressement d'ajouter quelques lignes de notice à la reproduction de tableaux et de dessins de Tholen, mais que le lecteur ne s'attende pas toutefois à ce que nous lui fournissions d'amples particularités sur la vie privée de ce peintre. Lui-même me témoigna sa répugnance à me procurer semblables renseignements, et, d'ailleurs, j'estime avec lui que le public n'a rien à voir dans les circonstances intimes de l'existence d'un artiste. C'est aux intéressés désireux de se faire d'après les faits et gestes des artistes une idée de l'œuvre de ceux-ci, à se procurer eux-mêmes des données à cet égard. A la rigueur j'admets que quelqu'un me dise: „Combien je désirerais connaître l'homme qui a peint ces beaux tableaux et au talent de qui je dois de si agréables moments!" Mais la connaissance de cet homme ne résiderait jamais dans celle qu'on aurait de toute sorte d'anecdotes et de menus faits qui se colportent sur la personne d'un artiste encore vivant.

Tholen naquit en 1860. Les circonstances l'obligèrent de se procurer un diplôme de maitre de dessin. Il acquit par ces études une habileté pratique et des connaissances théoriques qui lui vinrent bien à point par la suite.

Ses premiers ouvrages ont principalement en vue l'étude minutieuse des objets. Il en fut autrement plus tard. Son talent se développa rapidement lorsqu'ayant donné sa démission de professeur de dessin, il se fixa à La Haye et fit plus ample connaissance avec la personne et les œuvres de nos grands maitres. Goethe a dit 1) que les artistes originaux se sont toujours assimilés

Dimanche, d'après une esquisse.

le meilleur de ce que de grands prédécesseurs avaient conquis, et il ne faut pas réfléchir bien longtemps pour trouver des exemples justifiant la vérité de cette assertion. Pour ne citer qu'un exemple, il n'existe pas de compositeur plus original que Beethoven, et, pourtant, que ne doit-il à Haydn et à Mozart. Apprendre est tout autre chose que copier. Il suffit de jeter un regard sur ces reproductions pour s'assurer que l'on a affaire ici à une nature d'artiste très personnelle. Tholen suivit sa propre voie, mais il ne dédaigna pas d'apprendre son métier. M'est avis que ce moyen de développement offre plus de garantie pour l'avenir, que la méthode qui consiste à chercher le

---

1) Gespräche mit Eckermann. 4 Juni 1827. Es geht durch die ganze Kunst eine Filiation etc.

nouveau dans la contre-partie de
tous les grands exemples fournis
par l'époque contemporaine.

Quiconque s'est occupé sérieusement de n'importe quel art ne con-
testera l'importance de la technique.
Sans la technique, à quelque art
que l'on se soit consacré, on ne
sera jamais qu'un bousilleur. Mais,
il va de soi, que la technique ne
peut suppléer ces dons indispensa-
bles à tout artiste : la puissance,
l'intimité et la finesse du sentiment.

Nous avons dit en quoi les circonstances favorisèrent le développement technique du talent de
Tholen. Sa facture, la correction de
son dessin atteignent sans conteste
à la maîtrise. Mais de plus grande
signification en-
core fut le déve-
loppement du côté
artistique de son
talent, de son ap-
titude à tra-

Etude.

duire ses impressions les plus délicates, aptitude qu'il
manifesta avec tant d'autorité en ces derniers temps.
L'inspiration augmentant en intensité mais aussi en juste
conception des choses trouva un instrument de plus
en plus souple en la technique du maître.

„Mais, nous objectera-t-on peut-être, — la peinture
est un art d'imitation; sitôt que l'on possède l'habileté
technique suffisante pour transporter ce que l'on voit
sur la toile, qu'a-t-on besoin encore d'inspiration et
de sentiment? Est-il vraiment si difficile de trouver
quelque chose de pittoresque ou qui prête à la peinture,
et est-il besoin pour cela, comme le fit Tholen, de
recourir à des seaux à lait où à un vieux chien posé
sur une chaise? Si l'on a envie aujourd'hui de peindre
encore le Jugement Dernier ou le Compromis des Nobles,
il faut évidemment certaine dose d'inspiration, mais
pour représenter une couple d'arbres avec une masure,
ou bien une vue en temps de pluie, que faut-il

Etude.

Feuille d'étude.

d'autre que l'art de dessiner?" On n'entend que trop souvent avancer pareilles
bourdes. A chaque exposition on peut constater l'ahurissement du bon public
devant les sujets adoptés par les peintres et particulièrement par les peintres
hollandais. Ceux qui ont lu les lumineuses considérations de M. Ter Meulen
dans sa causerie à propos de lui-même, sauront que le déconcertement de
ces braves gens provient simplement de ce qu'ils s'attachent exclusivement au
sujet choisi par le peintre et non aux conditions pour lesquelles ce sujet
s'imposait à lui. A mon avis nous ne saurions mieux commenter les reproductions de l'œuvre de Tholen qu'en insistant encore sur ce point.

La musique est un art beaucoup plus populaire que la peinture. Quiconque

Paysage d'après un dessin.

possède une bonne oreille, comprend que les tons — dans les rapports et les
combinaisons trouvés par le compositeur — ont leur beauté propre. On ne
s'avisera jamais de demander le sujet d'une sonate ou d'une symphonie; et
où il y a lieu de s'inquiéter de ce sujet, par exemple lorsqu'il s'agit d'un opéra
ou d'un *lied*, on admet dans tous les cas qu'on aurait pu mettre de la
musique toute différente sur les mêmes paroles; donc, encore une fois, la
musique a sa valeur par elle-même. Un violoniste exécutant le concerto de
Mendelssohn plonge des centaines d'auditeurs dans le ravissement, sans que
personne ne se demande quel sujet le grand compositeur a bien voulu traiter.
La sensibilité, la compréhension, la finesse d'impression, le goût, diffèrent évidemment beaucoup d'un auditeur à l'autre, mais, pourtant, la vertu des sons
est ressentie par chacun. Or, de même qu'il y a la beauté des sons, il y a la

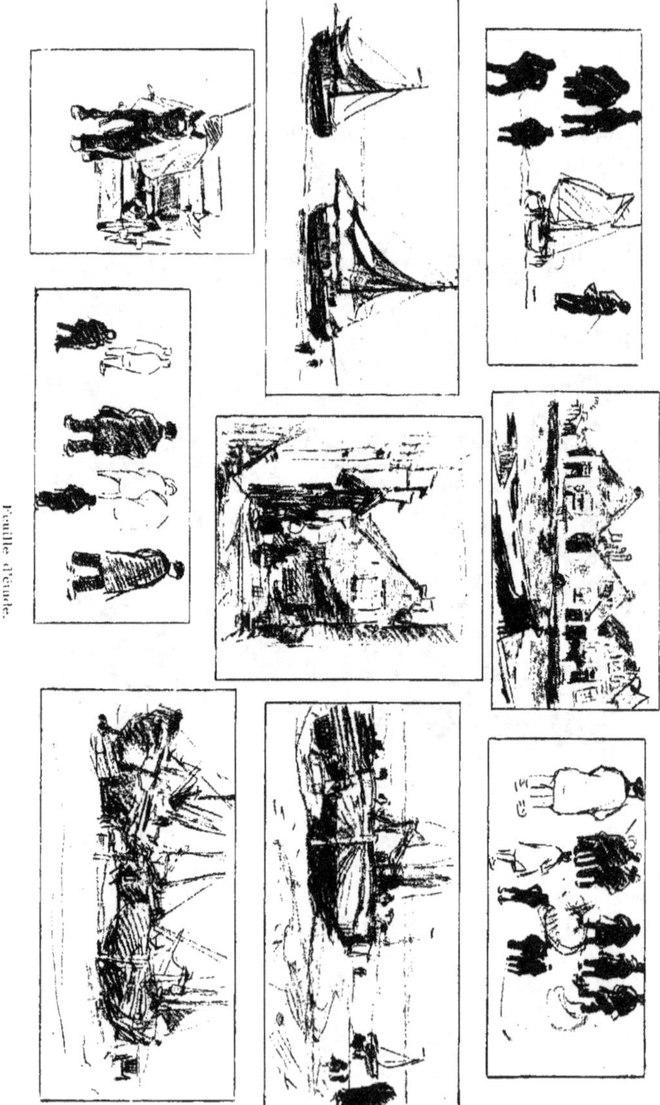

Feuille d'étude.

beauté des couleurs et des lignes. Cette beauté n'est pas aussi discernable et
sensible, que celle de la musique, mais cela n'empêche qu'elle existe au même

Le tricoteur de filets, d'après un fusain.

degré. De même que certaine succession d'accords est de nature à provoquer
un frisson à travers tous les membres d'un amateur, de même la seule relation
des lignes et des couleurs dans un tableau, est capable d'émouvoir profondé-

ment quiconque possède le sens de cette beauté. Certes la peinture est un art d'imitation, mais l'imitation n'y est point purement mécanique, comme c'est le cas
pour la photographie. Tout y dépend de ce que l'artiste s'assimile dans la
nature et de ce qu'il parvient à en tirer. Mais tandis que le compositeur recourt
à des moyens puissants, à des instruments produisant des sons plus mélodieux
que ceux qu'on entend dans la nature, pour se manifester le peintre, lui, ne
dispose que d'un peu de toile, de papier et de couleur. Qu'il ait rêvé et composé le plus beau tableau en son imagination, pour le réaliser il lui faut rendre
la lumière prestigieuse au moyen de froides matières colorantes et enfermer
l'espace illimité entre les châssis d'un cadre. La production d'une belle œuvre

Le soir, d'après un dessin.

d'art est donc subordonnée à une lutte victorieuse contre d'énormes obstacles
matériels. Le principal dans le tableau est le sujet, mais à condition d'entendre
par celui-ci non point les objets matériels que représentera le peintre, mais bien
la combinaison de lignes et de couleurs qui fera de la Beauté avec ces éléments
matériels. De cette façon une collection de poissons, une chambre remplie de
seaux à lait fournit des éléments tout aussi favorables à une œuvre d'art qu'un
paysage, que des personnes, non habituées à goûter les belles relations des
lignes et des tons, qualifieront de pittoresque. Ce qui est pittoresque pour ces
personnes, ne l'est souvent pas du tout pour le peintre.

Prenons le tableau de Tholen représentant un vieux chien posé sur une
chaise, dans un atelier de peintre. A dire vrai il s'agit d'un vilain petit chien;

„Près du Moulin"
D'APRÈS UNE AQUARELLE
appartenant à la maison Frans Buffa et Fils

A SUPPRIMER

le marchand n'en donnerait pas un liard; c'est un toutou bon à jeter à l'eau,
mais avec son poil blanc, ce vilain „cabot" est un foyer de lumière. Le blanc
se détache délicieusement sur les différentes couleurs de l'entourage. Il vous
sera arrivé cent fois de rencontrer pareille épave canine sans vous imaginer
un instant qu'elle vaudrait la peine d'être peinte. Or le talent du peintre a
trouvé dans cette toison blanche le prétexte à une relation de tons lesquels,
quoique les couleurs mêmes aient disparu dans la reproduction, produisent
encore une profonde impression. Arrêtons-nous aussi devant ces seaux à lait.
Je vous le demande, qu'y a-t-il de plus insignifiant en soi-même qu'un de ces
vaisseaux? Pas d'objet plus prosaïque. Mais l'éclatante surface métallique
produit un merveilleux effet de lumière. N'est-il pas naturel alors que les yeux

Schéveningue sous la neige, d'après un tableau.

du peintre aient été sollicités par ce concours de lumières scintillantes réunies
dans ce local? L'accord de ces instruments de cuivre lui inspira un tableau
dont la maitrise s'impose même à travers cette pâle reproduction. Le splendide
sujet est rendu à la perfection. On admire les simples touches avec lesquelles
est exprimée la lumière du cuivre; devant l'aquarelle même on oublie qu'on
ne se trouve qu'en face d'une feuille de papier barbouillée d'un peu de couleurs.

Il en résulte qu'un peintre peut avoir d'excellentes raisons pour peindre
précisément ce dont le spectateur superficiel ne saisit point la beauté. Aussi
nous conseillerons à tous ceux qui s'intéressent à l'art, de chercher à s'édifier
d'abord sur ce que le peintre a voulu mettre dans son œuvre. A-t-on affaire
à une œuvre de maître, la chose n'offrira pas grande difficulté, vu qu'on

abordera cette œuvre avec une certaine ferveur respectueuse et qu'on sera plus enclin à une admiration réfléchie qu'à faire de ces remarques devant donner à supposer qu'on en sait bien plus long que le peintre lui-même; de ces observations dénotant aussi qu'on a les yeux accaparés par des vétilles et qu'on est incapable de saisir l'ensemble.

Après ce que je viens d'en dire point ne sera nécessaire de m'étendre sur chacun des tableaux, dessins ou esquisses reproduits ici. Nous n'importunerons point le lecteur par des considérations sur toutes ces œuvres. Qu'il les examine plutôt lui-même. Bornons-nous à signaler les faces innombrables du talent de Tholen. Nombre de peintres ont la rage de se répéter et de refaire, à quelques

La laiterie, d'après un dessin.

variantes près, le tableau qui fit leur renommée. Tel n'est point le cas chez notre artiste. Courageux et opiniâtre comme il l'est, il ne se laisse point rebuter par les difficultés que comporte la création de chaque œuvre vraiment nouvelle. Ainsi nous l'avons vu s'attaquer à toute sorte de données: paysages, vues de villes, intérieurs, la plage, la figure humaine. Et il n'est inférieur dans aucun genre. Non moins réussi que sa fameuse *Laiterie* est ce joli petit fossé à Delft ou cette vue pluvieuse à Schéveningue. Combien l'humeur cordiale de la nature est bien pénétrée dans ces deux toiles!

J'entends ici le lecteur m'interrompre et s'écrier: „Que me parlez vous ici de l'humeur de la nature! D'après vous tout revient à une relation des lignes et des couleurs, qui ont leur beauté propre. Qu'importe alors l'humeur de la

Une rue, d'après un tableau, appartenant à la maison E. J. van Wisselingh et Co., d'Amsterdam.

Un coin de Bruyère, d'après un dessin.

nature? Nous sortons de nouveau du domaine de la peinture pour empiéter
sur celui de la poésie." — „Pardon, répondrons-nous à notre contradicteur,
en parlant de la beauté des lignes et des couleurs, nous ne nous sommes

Un Canal à Delft.

nullement abstraits de la réalité. Cette humeur, ou si vous aimez mieux, cette physionomie de la nature est précisement formée par les lignes et les couleurs. De ce qu'elles sont visibles, elles tombent évidemment dans le domaine du peintre. Ce que nous combattons, c'est que l'on cherche dans le sujet d'un tableau précisément ce qu'on n'y voit point; par exemple des pensées qui ont pu venir à l'artiste mais qui n'y sont certes pas exprimées. Je me ferai mieux comprendre par un exemple. Il fut question, récemment, dans un journal, d'un tableau représentant deux cavaliers lancés en plein galop. Le titre

Après la pluie, d'après un dessin.

était: Drouet et son domestique, à la poursuite de Louis XVI. A notre avis ce titre était la condamnation du peintre. Car le fait que ces cavaliers s'appellent Drouet ou d'un autre nom, n'ajoutera ou n'enlèvera rien à la valeur artistique du tableau; et, de plus, il est impossible de voir qu'ils donnent la chasse à Louis XVI. Par ce titre historique le peintre se flatta d'exciter l'imagination du public, mais comme peintre son rôle devait se borner à représenter la course effrenée de deux cavaliers à travers la campagne. Mais lorsqu'il arrive à Tholen de peindre un soir, il lui sera tenu compte comme d'un immense

Un vieux petit chien, d'après un tableau.

mérite, d'avoir fait passer dans son œuvre les dispositions, l'humeur qu'a déterminées chez lui la vue de la nature. Comme je le disais, nous n'avons pas à faire en peinture à des lignes et à des couleurs abstraites, mais à de la réalité et l'interprétation de ce qu'il y a de caractéristique dans cette réalité est précisément l'indispensable condition de la beauté d'une œuvre d'art. C'est pourquoi nous croyons avoir le droit de dire à propos d'un *soir* de Tholen, qu'il y a exprimé avec un sentiment exquis tout le calme, toute la paix

Les brise-glace, d'après une esquisse.

vespérale. Je conviens qu'il n'est pas toujours facile ici de tracer des limites. Quoi qu'il en soit, il est incontestable que Tholen n'aura jamais essayé d'agir sur l'imagination du spectateur par des moyens inartistiques.

Il est de ceux qui sont peintres et beaux peintres avant tout, donc artistes absolus; c'est-à-dire de ceux pour qui il n'y a point de beaux ou de vilains *sujets*, mais bien de bonne ou de mauvaise peinture!

DAVID ADOLPHE CONSTANT ARTZ

PAR

P. A. HAAXMAN J^R.

La récolte des pommes de terre (collection de M. J. T. Cremer à la Haye).

DAVID ADOLPHE CONSTANT ARTZ.

(Né le 18 Décembre 1837, décédé le 8 Novembre 1890).

Adolphe Artz atteignit à peine l'âge de 53 ans, et sa mort dans la pleine floraison de la vie, au point culminant de son active carrière, survint si brusquement, qu'on fut longtemps avant de pouvoir s'habituer à l'idée que cette crâne figure, cet homme aimable, cet artiste de si robuste santé, avait disparu pour toujours. Neuf années s'étant écoulées depuis ce douloureux événement, on constate que son œuvre n'a point perdu dans l'estime des connaisseurs et que ses tableaux sont tout aussi recherchés qu'ils l'étaient durant les dernières années de sa vie. En faisant appel à des souvenirs personnels et en puisant aussi dans les divers articles nécrologiques publiés à la mort du peintre, mais surtout en m'inspirant de son œuvre, il me sera possible de reconstituer la figure de cet artiste si éminemment hollandais. Je vis Artz pour la dernière fois, en 1889, c'est-à-dire peu de temps avant son départ pour Paris, où il allait représenter l'École Néerlandaise à l'exposition universelle de cette année et où cette école eut l'insigne honneur de voir son représentant occuper les fonctions de vice-président dans le jury international composé de soixante artistes éminents de tous les pays. Depuis nombre d'années Artz avait installé son atelier dans „l'Hofje van Nieukoop" délaissé par la société *Pulchri Studio*. Le peintre exubérant et cordial se sentait chez lui dans cette haute salle

Le dimanche matin à Schéveningue, d'après un tableau.

radieusement éclairée et dont l'entourage calme et riant invitait pour ainsi dire au travail. Les lunettes sur le nez, son bonnet sur l'oreille, armé de la palette et de l'appuie-main, en train de débiter avec une verve intarissable quelque anecdote ou quelque trait humouristique, il se faisait un plaisir de mettre son interlocuteur dans les mêmes dispositions alertes et sociables. Lors de ma visite, Artz s'occupait de son envoi à l'exposition de Paris. Il mettait la dernière main à son tableau *La consolation de la mère*, que les visiteurs de la section néerlandaise à ladite exposition se rappelleront sans doute. Une pauvre intérieur présentant d'opulents tons sombres avec une lumière tempérée nimbant les deux personnages: une femme mélancoliquement attablée, appuyant la tête sur une main, l'autre main caressant une fillette assise sur la table. C'était un

La première couture.

tableau de conception essentiellement hollandaise, et, dans le rendu, il y avait plus de sentiment qu'on n'en aurait attendu de l'excellent peintre. A l'exemple d'Israëls, de Blommers, de Sadée et d'Elchanon Verveer, il avait hanté de préférence les dunes de la Hollande et y avait observé la vie des pêcheurs tant dans leurs chambrettes qu'au plein air. Mais il s'était livré à cette étude avec une personnalité bien caractéristique qui l'apparentait aux plus hollandais de tous les peintres de genre. On rencontre rarement dans un tableau d'Artz le sentiment d'Israëls, ce quelque chose d'occulte et de mystérieux dans la couleur immatérielle qui empoigne bien plus le spectateur que la couleur même. Artz ne haussait point la réalité jusqu'à la poésie mais il nous donnait un morceau de prose ennoblie par le génie de l'artiste.

La poésie était même reléguée bien loin de ses amourettes entre commères plantureuses et villageois délurés de Schéveningue, et il se gardait de prêter à la réalité une parure romanesque et chimérique. Il voyait les naturels de Schéveningue et de Katwijck tels qu'ils sont, c'est-à-dire calmes et rassis, sans gestes passionnés et sans expression tragique. Et en dehors des figures, dont le dessin et le modelé révélaient toujours le maître expérimenté, il y avait assez de coloris et de ton, de lumière et d'ombre, pour que, sans tomber dans le sentimentalisme, le tableau fût marqué au cachet d'une véritable œuvre d'art. Que le peintre représentât de simples paysans en train de dîner ou de vaquer à des occupations ménagères, ou qu'il nous montrât en plein air une jeune campagnarde tricotant entre un buisson de genêts et le flanc blond des dunes, il ne sortait jamais de la saine réalité et il nommait toujours les choses par leur nom.

Et sans trop s'avancer on peut dire que si Artz avait vécu plus longtemps son art admirable aurait encore acquis plus de perfection. De tous les peintres hollandais de la seconde moitié de ce siècle Artz était peut-être le plus proche des célèbres artistes du XVIIᵉ siècle qui, eux aussi, étaient si probes et si sincères dans leur art.

A l'appui de cette assertion je citerai trois œuvres capitales d'Artz: *La récolte des pommes de terre*, faisant actuellement partie de la collection de M. J. T. Cremer, la *Leçon de Couture* et *le Favori de Grand'Mère*. Tout visiteur de l'exposition internationale d'Amsterdam, en 1883, doit encore avoir cette œuvre présente à l'esprit. Elle représentait un mioche recevant une pomme de sa bonne maman. Le bambin tend avidment ses petits bras potelés vers la friandise, la mère le contemple avec attendrissement et les yeux de l'aïeule assise à la table brillent de satisfaction : un sujet aussi simple que possible fourni par le premier intérieur venu de Schéveningue ou de Katwijck et que le peintre a traité sans le moindre atour, sans aucune préoccupation de l'effet ; la réalité même. La composition de toute la famille assistant ou participant à cette scène est aussi élementaire que possible et par là souverainement attirante. Devant ce tableau on avait l'intuition qu'une seule négligence dans le dessin, une incorrection dans l'attitude ou dans le mouvement des figures, aurait irrémédiablement compromis l'impression et qu'aucun mirage de couleur n'aurait suppléé à cette faute. D'ailleurs pareils artifices de coloriste n'étaient pas le fort de notre peintre ; sa maitrise résidait dans la sobre représentation de la réalité, mais la plus correcte possible.

Les deux autres tableaux sont de tout aussi puissants exemple de ces aspirations. Pendant plusieurs siècles encore, la *Leçon de couture* placera Artz au nombre des meilleurs peintres de notre temps. On y retrouve la même supériorité dans le dessin et dans la composition ; comme aussi ce souci objectif dans la peinture de ce qu'il voit devant lui ; tant dans le groupement abandonné et sans apprêt des personnages que dans la lumière tombant de la fenêtre et enveloppant d'une atmosphère d'or la bonne femme et ses petites élèves.

Étude.

La *Récolte des Pommes de terre* mérite aussi qu'on s'y arrête. Les paysannes travaillant aux champs, ainsi que l'homme qui déracine les tubercules au moyen d'une bêche, ont été peints tout à fait en plein air. En supposant qu'il soit question ici d'une composition recherchée, toujours est-il que l'artiste n'en laisse rien paraître. Ce qui constitue la grande beauté de ce tableau, c'est l'absence de toute pose dans les figures, la parfaite aisance de leurs mouvements, écartant toute supposition que le peintre ait cherché un sujet. Toutefois Artz se montrait très consciencieux dans l'élaboration d'un tableau et ne se hâtait point de décider à laquelle de ses esquisses il s'arrêterait pour en retirer une composition; mais quelque tracas que ce choix ou cette sélection lui mit dans la caboche, il n'y paraissait jamais. Dès qu'il se mettait à peindre, c'était comme si la chose allait d'elle-même et ne coûtait point la moindre peine.

* *
*

Son œuvre ne porte pas la moindre trace de son long séjour à Paris. Il y vécut de 1868 à 1874; il y travailla beaucoup; il y eut de nombreux amis et il y fit la connaissance de sa première femme qu'il perdit déjà en 1878. Son second fils qui naquit à Paris, en 1870, M. Constant Artz, professeur de dessin à Delft, est sous de nombreux rapports la frappante image de son père, l'héritier de son esprit si dispos et si vivant. Cela me frappa particulièrement lorsque j'eus il y a quelques jours un entretien avec lui, et qu'il me communiqua quelques particularités de la vie de son père. Il se souvenait encore parfaitement de ses années d'enfance, de l'époque où Matthijs et Jacob Maris et Kaemmerer étaient les commensaux de la tant hospitalière demeure de Paris, qu'il se représente comme composée de vastes salles, alors qu'en réalité celles-ci n'auront pas dépassé les dimensions des appartements ordinaires à Paris. Artz s'était rendu à trente ans à Paris, muni de lettres de recommandation d'Israëls et de Kneppelhout, le Mécène bien connu, qui avait pris Artz et le violoniste Jan de Graan sous sa puissante protection. La recommandation d'Israëls était adressée spécialement au célèbre critique d'art Thoré (Burger) qui ne trouva rien de mieux que de donner au jeune peintre Hollandais une introduction auprès de Gustave Courbet, alors à l'apogée de sa glorieuse carrière qu'il compromit assez malencontreusement — mais heureusement sans y mettre de l'entêtement — par sa participation aux excès de la Commune. J'ai trouvé la relation des rapports de notre peintre avec Courbet, dans un essai publié par F. S. K., dans le *Huisvriend* de 1885. Lorsque Artz

A SUPPRIMER

Un moment favorable, d'après un tableau appartenant à M. le baron Creutz, à Copenhague.

fit la connaissance du peintre d'Ornans, il le consulta sur le choix d'un atelier
à Paris, pour y poursuivre ses études sous la direction d'un maitre éprouvé.
Le conseil qui lui fut donné réunissait deux avantages: ce conseil était concis
et il exhortait le peintre à cultiver sa propre personnalité. „Sois toi-même"
disait de Genestet à un jeune homme qui lui demandait conseil, mais le pauvre
n'en fit rien, car il n'était personne". Artz, au contraire, allait prouver sans
retard qu'il était bien quelqu'un et de plus un de ces rares demandeurs de
conseils qui suivent les avis qu'on leur donne. „Louez un atelier, prenez un
modèle et fermez votre porte" tel avait été l'oracle de Courbet. Artz eut
bientôt trouvé l'atelier et le modèle, et il ferma sa porte à clef pour ne
l'ouvrir tous les matins qu'à Jacob Maris et à Kæmmerer qui avaient droit à
quelques pieds carrés de cet atelier, vu qu'ils s'étaient cotisés avec Artz pour
en payer la location.

Cet atelier était situé rue Mercadet à Montmartre, où Maris et Kæmmerer
traversèrent les jours tragique de la Commune. Mais Artz qui avait connu les
misères du siège et qui avait annoncé par la poste aux pigeons et par ballon
son retour au pays, en avait assez de Paris pour le quart d'heure. Il dit à
revoir à la capitale en flammes, „à la ville de lumière et de.... pétrole" 1) et
regagna sa patrie où il se reposa un certain temps, avant de retourner à Paris.
M. Kneppelhout qui avait fourni au jeune peintre les moyens de subsister en
étudiant tout à son aise, à Paris, le chargea tout spécialement, là-bas, de
veiller sur son pupille, le jeune violoniste Jan de Graan. La façon dont Artz
s'acquitta de cette mission est rapportée dans un petit livre, *een Beroemde Knaap*
(un enfant célèbre) dans lequel Kneppelhout raconte la vie éphémère — Graan
mourut à la Haye à peine âgé de 21 ans — de ce génial musicien. Dans
cette brochure il est souvent fait mention de notre peintre comme étant le
remplaçant de Kneppelhout dans la sollicitude paternelle avec laquelle le Mécène
en question veillait sur la frêle existence du jeune homme. Au commencement
de 1872, lorsque l'état de De Graan fut devenu tout à fait critique, Artz et
Kæmmerer accompagnèrent le pauvre jeune homme en Italie. De Graan
écrivit à Kneppelhout, de Pise, le 3 février 1872: „Je ne saurais être assez
reconnaissant envers Artz, d'abord pour les soins qu'il m'a prodigués à Paris,
et ensuite, pour m'avoir, quoique accablé de besogne, sacrifié son temps et
accompagné ici.

En dehors de Kneppelhout, le jeune Artz avait trouvé un grand appui dans
le maison Goupil, dont le fondateur, M. Vincent van Gogh, n'aura pas peu
contribué à la reflorescence de l'école de peinture néerlandaise par la protection
généreuse qu'il accorda en ces jours de lutte à tant de jeunes peintres de la
Hollande. On ne s'imaginerait par la nature du bagage avec lequel Artz
avait débarqué à Paris en 1868. Outre une bonne dose de jovialité, de joie
de vivre et d'intarissable belle humeur, il était chargé d'un énorme panier

---

1) Les mots entre guillemets sont en français dans l'original. N. D. T.

contenant tout un assortiment de costumes tels que les enfants les portent à Schéveningue. Les amis considéraient ce trousseau d'un air fort intrigué, car s'ils comprenaient bien à la rigueur qu'Artz se proposât de peindre d'après

Thony, fils du peintre.

ces costumes de son terroir, ils se disaient qu'il n'aurait pas dû en rester là; mais, en ce cas, transporter aussi les naturels de Schéveningue à Paris. Par la suite l'événement leur donna raison, car Artz s'aperçut bientôt qu'un gavroche parisien déguisé en petit pêcheur de Schéveningue, prêtait à de la peinture plutôt carnavalesque. Au début, à force d'imagination et en faisant appel à ses souvenirs, il suppléa assez bien à l'absence de modèles faits pour ce costume, mais il finit par décorer son atelier de la défroque des jeunes pêcheurs et remit la peinture de ce genre de modèles au jour où il pourrait fouler de nouveau les blondes dunes de la Hollande. En attendant il s'attaqua à différentes spécialités n'ayant rien de commun avec l'œuvre ultérieure qui devait faire sa renommée, mais qui lui permirent de se perfectionner dans le métier et de se rendre de plus en plus maître de la ligne et de la couleur. Dans sa préface pour le catalogue de l'atelier Artz, Philippe Zilcken, l'excellent aquafortiste, cite un de ces tableaux faits à Paris. Il eut l'occasion de le voir à Édimbourg et il en loue les qualités coloristes. Ce tableau représente un enfant, habillé de jaune, assis devant un piano; à droite est une dame en gris, de l'autre côté un homme en noir; gamme de tons qui caractérise le coloriste.

A l'époque du séjour d'Artz à Paris, l'art japonais y faisait fureur. La fièvre „japoniste" ne poussait pas seulement les gens fortunés à collectionner force bibelots de l'Extrême Orient et à bourrer leurs salons de meubles et de tentures du Japon, mais elle influait aussi sur le choix des sujets adoptés par les artistes. Artz peignit alors plusieurs tableaux de genre *à la Japonaise*, c'est-à-dire en plaçant des figures parisiennes dans un cadre d'étoffes chatoyantes et d'écrans bizarres du pays du Mikado. Dans le salon de sa veuve, qui se remaria avec M. G. Sues, on admire en belle place une étude, vraiment remarquable par le coloris, de cette période japonaise de notre peintre: une jeune femme dans son boudoir, et, le corps grâcieusement rejeté en arrière, se regardant dans un miroir. La lumière lui tombe en plein sur le visage et sur la poitrine. L'élégance avec laquelle est comprise la ligne de cette agréable personne, la grâce du mouvement, vont de pair avec un coloris d'une opulence et d'un éclat extraordinaires.

Dans la même maison, avenue de Meerdervoort, où le nom d'Artz survit dans une maison de commerce de tableaux, fondée et dirigée avec une grande compétence par sa veuve, figure encore plus d'une œuvre du maître où ses qualités s'affirment avec une bien plus grande autorité que dans maint ouvrage commandé et peint plus ou moins en vue du public. C'est là que je vis le portrait d'un de ses enfants, un délicieux garçonnet, nommé Walther, enlevé à l'âge de quatre ans. Le bambin, vu en pied, est adossé à la chaise du peintre, qui dépasse encore de beaucoup la blonde tête bouclée. Le père a

L'hospice des vieux et des vieilles à Katwijck, d'après un tableau.

visiblement posé le bonhomme de cette façon afin de faire remarquer sa petite taille. Au point de vue de la couleur ce portrait est une merveille de tons mûrissants et fondus. Il porte déjà le caractère d'un ancien tableau de maître et ce caractère s'accentuera encore avec le temps. Dans la même maison on admire encore maint autre de ces portraits de famille, qui suffiraient pour placer Artz à la tête de nos bons coloristes. On y admire aussi plusieurs études instantanées prises à Katwijck, des pages exquises arrachées par la famille à cette néfaste vente de son atelier; entr'autres une longue bande de sable blond, éclairée par un violent coup de lumière. A la mort du peintre son ami Jacob Maris fut invité à choisir une des études du défunt, et son choix se porta sur

une page apparemment insignifiante, mais peut-être, au contraire, une des plus caractéristiques de la manière blonde et dorée du maître.

Dans cette collection de famille on admire de nombreux souvenirs des amis du défunt: une étude faite par Kænmerer dans les dunes de Katwijck, très intéressante de ton et de lumière grise émaillée, mais trahissant d'une façon saisissante l'influence parisienne et l'étude enlevée de *chic*, dans les silhouettes des maisons de Katwijck, qui font l'effet de mosaïque ou de marqueterie, et qui sont toutes différentes de ce que Artz ou Blommers en auraient fait.

Un autre souvenir est un portrait d'Artz à l'âge de 31 ou 32 ans, par son ami Thijs Maris, qui se trouvait à Paris avec lui à cette époque. Ce portrait sort tout à fait de la généralité des tableaux de ce genre. Il serait difficile de dire comment il est fait, — car on ne peut parler de peinture vu qu'on y voit à peine la couleur — mais on éprouve sur le champ l'impression d'un pur chef-d'œuvre. Artz tenait beaucoup à ce portrait. Cette œuvre d'art l'intriguait, lui aussi, par sa facture inexplicable. Thijs Maris avait commencé par l'œil gauche, lequel, le portrait étant peint de trois quarts, occupe environ le milieu de la tête. Puis cet œil étant posé, il avait peint alentour le front, le nez, l'œil droit, la bouche, etc. pour finir par circonscrire le tout dans le contour du visage et le fond. En dépit de ce procédé hétérodoxe, le morceau constitue une merveille, même au point de vue des proportions.

Enfin je me rappelle, parmi ces souvenirs conservés dans la maison de l'avenue de Meerdervoort, une crâne et vibrante étude de Willy Martens peinte à Katwijck; deux enfants d'Artz jouant dans la dune sous l'éclatant soleil de midi.

Mieux qu'à l'exposition on apprenait à connaître dans l'atelier ou le salon d'Artz, les qualités et le caractère de ses célèbres contemporains; on y trouvait sous forme d'études et d'esquisses les œuvres d'art supérieures dérobées au gros public jusqu'à ce que la vente de l'atelier Artz les eût remises en lumière. On y trouvait une œuvre de Bosboom, aux proportions réduites, mais admirable de couleur, et remontant à sa meilleure époque; Matthijs Maris était représenté par une des merveilleuses anecdotes racontée de la manière la plus immatérielle; Mollinger par une série de paysages; Kæmmerer par des scènes coquettes et pimpantes contrastant avec les poignantes symphonies coloristes d'Israëls; enfin on y rencontrait les plus jolies œuvres de Neuhuijs, H. W. Mesdag, W. Maris, Tony Offermans sans oublier des Antoine Mauve qui étaient autant de joyaux.

L'atelier d'Artz correspondait ainsi à l'image de l'artiste de goût, jouissant de l'œuvre de ses confrères.

*
  * *
*

Revenu au pays, Artz devint rapidement l'ami de tous les peintres et, grâce à une rare culture littéraire et musicale, le convive et le commensal recherché dans maint autre cercle. Un de ses biographes, M. Johan Gram écrivit dans *Eigen Haard*, peu de temps après sa mort: „Tous ceux qui eurent l'occasion de l'approcher de près, apprécièrent cette solide culture générale et ne prisaient par moins cet esprit vivace et enjoué, ayant toujours le mot pour rire, ce talent de causerie et d'improvisateur amenant une anecdote piquante ou l'un ou l'autre souvenir drôlatique de sa jeunesse de rapin. Son rire franc et sonore si facilement provoqué, était irrésistible. Ainsi toute la personnalité d'Artz s'appliquait à se faire bien voir en dehors de l'atelier et à se faire valoir aussi par des qualités sociables, par un caractère exquis qui lui gagnaient tous les cœurs".

Et Zilcken écrit dans l'introduction au catalogue dont nous parlions plus haut:

„Dans l'heureux cercle de famille sa maison représentait un *home* aimable et cordial, enrichi d'une collection choisie de tableaux, de souvenirs et d'études de ses amis, les Maris, les Israëls et tant d'autres. C'était un artiste consciencieux qui se donnait tout entier dans son œuvre. Il menait une existence paisible et produisait avec toute la régularité d'un travailleur méthodique.... On a souvent appelé Artz un élève d'Israels. Celà n'est vrai qu'en ce sens qu'il a traité souvent les mêmes sujets que ce maître et en se servant des mêmes modèles. En outre, tout en gardant sa personnalité, il cherchait comme Israëls ces effets de lumière tendre et vaporeuse dans les intérieurs de pauvres gens, et, dans bien des scènes de l'extérieur, les rapports entre le gris pâle et le blond delicat des dunes, les genêts jaunes pâle et les bruyères rosées. Unis par une étroite amitié ils s'entretenaient fréquemment de leur travail, mais le caractère d'Artz ayant été plus naïf et plus simple, ses tableaux, qui lui appartiennent bien en propre, accusent aussi une extrème simplicité exempte de toute affectation".

Les lignes suivantes, de la main du peintre même, compléteront cette étude sur sa personnalité:

...A dix-neuf ans je fréquentai les cours de l'académie d'Amsterdam et j'y commençai à peindre d'après le modèle vivant sous la direction de M. Egenberger. Aux cours du soir j'eus le bonheur de faire la connaissance d'Israëls. Ces relations ont exercé une grande influence sur ma vie ultérieure. Israëls quoique beaucoup plus âgé que nous, et jouissant déjà d'un commencement de renommée, venait encore peindre le soir avec nous et prenait sa part du remarquable enseignement de M. L. Roijer, alors directeur de l'académie. La profonde conviction d'Israëls, son talent généreux nous le faisaient tous considérer avec admiration. J'étais très heureux de pouvoir me rendre de temps à autre à son atelier. De ces visites naquit une profonde et fervente amitié en dépit de la différence d'âges et de l'énorme supériorité intellectuelle de l'aîné. C'est à cette amitié, à l'exemple de ce grand maître que je vis constamment à l'œuvre, que je dois d'avoir pu produire moi-même quelque chose".

La fiancée du marin, d'après un tableau.

Finissons par quelques dates de cette courte mais glorieuse carrière d'artiste. Artz fut un des premiers peintres néerlandais qui se firent apprécier à Paris et recevoir avec honneur au Salon annuel. En 1880 il obtenait déjà une mention honorable, et en 1889 il fut nommé chevalier de la légion d'honneur. Il représentait ses confrères et l'art neérlandais d'une façon irréprochable aussi bien chez nous où il fut long-temps président de *Pulchri Studio* que dans les jurys de l'étranger. Il représenta souvent les intérêts de ses confrères au détriment des siens, en sacrifiant

Chez les grands parents, d'après un tableau.

son temps, et même au préjudice de sa santé. Ce fut encore le cas, l'année avant sa mort, lorsqu'il fut appelé à la vice-présidence du Jury international de l'Exposition de Paris.

Dès 1873 il décrocha à Vienne, avec son tableau le *Dimanche à Schéveningue*, reproduit ici, la grand médaille pour l'encouragement de l'art. En 1879 le Roi le fit chevalier de l'ordre de la Couronne de Chêne; en 1883 lors de l'Exposition universelle d'Amsterdam il obtint la couronne d'or pour son tableau *Le Favori de Grand'mère*; en 1884 l'État fit l'acquisition de son tableau *La visite à Grand'mère*; en 1889 il obtint l'ordre bavarois de Saint-Michel et la même année la croix de la Légion d'honneur. Non seulement les témoignages de l'admiration de ses contemporains n'auront pas manqué à cet artiste si savoureusement néerlandais, mais la postérité célébrera son œuvre comme étant celle d'un maître ayant collaboré largement à la renaissance de la Peinture Néerlandaise.

FRÉDERIC JACOB VAN ROSSUM DU CHATTEL

PAR

JOHAN GRAM.

Canal du Broek, d'après un tableau.

FRÉDERIC JACOB VAN ROSSUM DU CHATTEL.

En passant en revue les coryphées de notre école de paysage, on est surpris de la variété originale que présente leur art. Comment se peut-il que dans un pays lilliputien comme le nôtre, où tout le monde se connaît au point que deux Néerlandais qui se rencontrent pour la première fois, comptent au moins deux ou trois amis communs — comment se peut-il que, dans un tel petit pays, la conception et le choix d'un groupe de peintres, dont les yeux s'arrêtent cependant sur les mêmes spectacles, soient si différents pour chacun de ces artistes?

Cela résulte je crois de l'opulente diversité que présente la nature même de ce beau quoique minuscule pays, et aussi de l'extrême variété de tempéraments des peintres qui font leur choix dans cette généreuse nature.

Prenez la Gueldre, la Hollande et Drenthe, et vous aurez nommé trois provinces tranchant autant l'une sur l'autre par la physionomie et le caractère que la blonde Suédoise diffère de l'Italienne aux yeux noirs et de la piquante brunette Française. Et de même que les oiseaux du ciel s'abattent partout où ils découvrent une riche moisson ou une terre fertile, de même les peintres affluent aussi, où le site, le costume populaire original, les intérieurs pittoresques, ou d'autres éléments encore les attirent particulièrement. Comme dans tout domaine la mode ne laisse pas de jouer un grand rôle ici. Il fut un temps, où les peintres de figures émigraient à Dongen pour y savourer ces intérieurs rustiques reproduits par le professeur Allébé en de si magnifiques œuvres d'art. À une autre époque les peintres de paysages ne juraient plus que par Wolfheze et Oosterbeek, et il n'y avait plus de salut pour les paysagistes en dehors de la bruyère et des chênes de Wotan. Lorsque Mauve découvrit le paysage autour de Laren et les intérieurs dans ce village, les rapins fondirent avec une avidité de moineaux pillards sur cet obscur village pour s'en assimiler le charme et le caractère, à l'exemple de leur illustre chef de file. Presque à la même époque un autre groupe d'artistes fut sollicité par la beauté impressionnante de la contrée de Drenthe, et nombre d'entre eux explorèrent le Nord, se fixèrent même durant un certain temps à Rolde et à Westerwolde, pour pénétrer encore plus intimement dans les secrets de cette nature grandiose et primitive.

En Gueldre aux romantiques collines et vallons, nos peintres trouvent aussi les bois de sapins aux énergiques aromes, les chênes majestueux qui se dressent avec leurs branches gigantesques et tortillées au milieu de la bruyère recueillie telle que nous la fait admirer Wolfheze et telle que Bilders nous l'a décrite avec tant de poétique ferveur.

Par contre Roelofs et Gabriël ont voué exclusivement leur âme d'artiste aux vastes étangs d'Utrecht et de la Hollande du Sud, avec leurs roseaux mouvants et leurs tapis de lis aquatiques, leurs bandes de canards et leurs hérons philosophes. Nous les connaissons toutes ces larges étendues d'eau au-dessus desquelles plane un ciel nuageux et menaçant qui vous donne l'impression de la chaleur accablante. D'humides prairies verdoyantes d'où émergent à mi corps comme des masses blanches et noires, de plantureux ruminants prodigalement éclairés et même baignés de lumière: tel est le domaine de Gabriël et Roelofs.

Gabriël chérit particulièrement l'heure matinale, le réveil de la nature, le moment délicieux où „l'aurore aux doigts de rose ouvre les portes de l'Orient."

Les frères Maris, Jacob et Willem, trouvent leur inspiration dans le proche voisinage de leurs pénates: Jacob, sur la plage de Schéveningue, dans les

Près de Harmelen, d'après une aquarelle, appartenant à Mme H. G. Tersteeg.

dunes, sur la route, ou le long du canal de halage; Willem, dans les pâturages
environnant la Haye dont son pinceau trempé dans l'ardeur du soleil nous rend
si bien la radieuse et éblouissante atmosphère. Tous deux étudient par les
yeux et par l'âme, plutôt qu'à l'aide de la palette et des pinceaux.

Mauve interprète la solitude et la poésie de la bruyère avec ses bouleaux
d'argent et ses troupeaux de moutons. Le domaine de Jules van de Sande
Bakhuijzen est plus varié. Tantôt son art se laisse séduire par le bois de
La Haye; tantôt il se consacre à une ferme de Hollande ou à une haute
futaie dans la province de Drenthe: comme s'il tenait à nous prouver que sa
fiancée est toujours jolie, qu'elle porte le costume de Drenthe ou les atours de
la Hollande.

Van Borselen affectionne particulièrement nos canaux hollandais, dont les
saules tour à tour gibbeux ou luxuriants constituent l'inséparable parure. Par
contre Apol préfère la nature dans sa toilette d'hiver et il doit à la neige la
meilleure part de sa célébrité.

Quant à Du Chattel, c'est la petite rivière appelée *La Vecht*, qui forme, avec
ses environs, son domaine de prédilection. Notre artiste ne pousse point ses
droits de priorité jusqu'à la jalousie farouche de certains propriétaires. Il tolère
parfaitement que l'un ou l'autre camarade vienne chasser sur ses terres, par
exemple Bastert qui en a rapporté des pages d'une si attachante virtuosité.
Il ne les traite point en braconniers et ne les menace point de pièges à loups
et de chausses-trappes. Néanmoins, malgré cette condescendance, Du Chattel
se sent seigneur et maître de la région et son culte pour la Vecht et ses
environs, sa ferveur pour ce coin de nature essentiellement hollandaise, est si
intense, qu'il se fixa même durant trois années consécutives aux bords de cette
calme rivière, afin d'avoir toujours sous les yeux sa favorite, de pouvoir
admirer son adorée sous tous ses aspects et de l'étudier avec tant de pénétra-
tion que plus aucun de ses attraits ne lui est demeuré inconnu. Ce fut de
1883 à 1886 que Du Chattel vécut à Vreeland avec son jeune ménage, pour
y régner sans partage sur tout le cours de sa rivière de dilection.

Mais lui aussi devait apprendre par expérience que la puissance et la vertu
de l'artiste peintre résident bien rarement dans son isolement. Ce passage
assez prosaïque, en somme, du *Gendre de M. Poirier*, la pièce célèbre d'Émile
Augier, peut parfaitement s'appliquer au domaine de l'art: „Sais-tu pourquoi
je tenais tant à ta mère? Parce que je ne la voyais que de temps en temps."
Plus d'un peintre aura expérimenté, qu'un établissement à demeure au milieu
de la nature qu'il interprétait de préférence et dont il appréciait les attraits
à l'exclusion de ceux de n'importe quelle autre contrée, finissait à la longue
par lui faire plus de mal que de bien. Il s'habituait peu à peu aux charmes
de la bien aimée, il devenait de plus en plus insensible aux séductions qui
au début l'avaient si profondément remué et passionné: enfin il se blasait
totalement sur une nature qui ne lui apportait plus le moindre imprévu.
Dans pareille occurence, plus d'un artiste pousse la présomption jusqu'à s'ima-

giner avoir complètement épuisé le terrain, et il éprouve le besoin d'aller planter sa tente ailleurs. Tel est l'écueil et le danger d'un commerce trop assidu et d'un contact prolongé avec la nature élue.

Donc s'il importe pour l'artiste que la nature qu'il affectionne de préférence ne soit point trop éloignée de lui, il devra bien se garder d'établir son domicile dans le voisinage immédiat de cette contrée. C'est pourquoi la mer est à quelque distance de la demeure de Mesdagh, Wolfheze se dispense de séjourner constamment à Oosterbeek qu'il aime au moins autant que l'aima le poète Bilders. Mauve ne songea jamais à aller s'enterrer dans la Bruyère. Autant de confirmations du mot d'Émile Augier. De même il ne viendra à l'idée d'aucun Nemrod d'aller se poster en permanence au

Sur la digue de Leide, d'après un pastel.

milieu des champs, le fusil chargé, et d'y attendre le passage du gibier.

Si Mauve finit par vivre impunément à Laren, c'était que son expérience et son talent étaient assez mûrs pour l'assurer contre toute déchéance; mais pareille retraite aurait des conséquences néfastes pour de jeunes artistes. Au milieu d'une grande ville, où les artistes se rencontrent dans toutes sortes de cercles, où ils se font des visites dans leurs ateliers, où ils voient quantité d'œuvres d'art faisant l'objet de force discussions, existent une émulation et un échange d'idées qui ne peuvent être que fort avantageux à la création artistique. Dans pareil milieu il n'y a pas à craindre qu'on tombe dans un déprimant *autogobisme* ou, pour employer la pittoresque expression néerlandaise, qu'on prenne son hibou pour un faucon. Une ville comme La Haye ou Amsterdam, où quantité de commerces et d'industries exposent et mettent

Le „Petit Paradis" près de Vreeland. d'après un pastel.

en vente les manifestations les plus diverses de l'art; où les musées vous permettent de comparer continuellement les meilleures créations de l'art ancien et de l'art moderne; où les artistes soumettent leurs essais parfois audacieux au jugement de leurs amis et de leurs frères d'armes — pareil milieu est le rendez-vous le plus propice aux peintres.

Plus d'un peintre apprit à ses dépens que son isolement dans l'un ou l'autre „trou" de province, où son coq claironnait triomphalement, parce qu'il était le seul soliste de la contrée, — exerça une influence désastreuse sur son art, et il constata que, dépourvu de l'aiguillon indispensable, il tomba graduellement dans une indolence qui devait fatalement aboutir à l'impuissance et au marasme.

* *
*

Avant que Du Chattel se fût laissé séduire par les attraits de la Vecht et lui eût voué un amour exclusif, il avait déjà derrière lui de longues années d'étude, de travail et d'expérience.

Son enfance, qui avait commencé à Leide, le 10 Février 1856, s'écoula comme celle de tant de jeunes garçons que l'on voit continuellement le crayon ou le pastel à la main, et dont le plus grand plaisir consiste à barbouiller de leur griffonnage tout le papier dont ils peuvent s'emparer, sous prétexte de représenter ce qu'ils voient autour d'eux.

Notre jeune peintre fut servi par cette circonstance que son frère, un peintre-amateur qui peignait, pour son plaisir, des intérieurs de fermes et qui s'entendait assez bien à restaurer des toiles antiques et de vieux panneaux, encouragea ces dispositions et ces penchants. Le jeune Frédéric fréquenta les cours de l'école de Dessin si réputée de la société *Mathesis scientiarum genitrix* et il s'y appliqua avec autant de zèle que sous la direction de son père, jusqu'à ce qu'il eût poussé ses études à un tel point qu'il fut admis parmi les „pensionnaires du Roi"'

Du Chattel arriva donc à l'âge de dix-sept ans à la Haye et se mit vaillamment au travail en échangeant des idées avec ses nombreux camarades, dessinant et peignant avec eux, sans toutefois se choisir un maître par les yeux duquel le novice risque de voir et d'interroger la nature plutôt que par ses propres yeux. Non, la nature, cette source éternelle et infinie de toute Beauté, la divine nature fut son seul guide. Et son entourage était là pour lui montrer combien était varié et différent le culte qu'on rendait à cette déesse.

Toutefois Du Chattel est un enfant de son époque, et naturellement, il se proposa, comme exemple, l'art de Willem Maris, qui rend avec une telle puissance les impressions ressenties, un art qui plus que n'importe quel autre arrive à interpréter l'espace et l'athosphère, la fraicheur de l'air et les prestiges de la lumière. Il faut connaître les deux Maris dont la bonté, la modestie et le désintéressement sont devenus proverbiaux, pour se représenter l'empressement que Willem Maris mit à aider le jeune Du Chattel de ses exemples et de ses conseils. Maris était là pour le soutenir, pour l'encourager, le seconder, et aussi lui crier casse-cou ou l'aider à sortir d'un mauvais pas.

Cet apprentissage le mena jusqu'en 1875 époque à laquelle il se présenta pour la première fois au public avec un tableau intitulé *près Oestgeest*. Ce premier début eut des résultats favorables. L'œuvre du jeune impressionniste dégageait un charme spontané que le public sentit et apprécia d'emblée et d'où les connaisseurs augurèrent un talent plein de fraîcheur et d'avenir. C'était un site très simple mais dont le jeune artiste avait exprimé le calme paisible avec infiniment de justesse.

A partir de ce moment Du Chattel a fait une telle carrière qu'en parlant de ses toiles on dit *un Du Chattel*, comme on dit *un Israëls* ou *un Maris*;

Près de la Digue de Leide.

ce qui ne signifie pas seulement que le peintre est parvenu à imprimer son cachet personnel à son art, c'est-à-dire à être lui-même, mais aussi que le public distingue ses œuvres entre cent autres.

La vaste étendue d'eau, fleuve ou canal, souvent bordée d'épais rideaux d'arbres où se mire un ciel délicat à peine estompé de flocons nuageux, — trouve en lui un apologiste infatigable. Son art varie à l'infini comme la nature le fait elle-même. Rien de plus chatoyant que ces effets de lumière au-dessus d'un canal méandreux. Personne ne s'entend comme lui à multiplier les aspects de ces hameaux et de ces moulins au bords de la Vecht.

Tantôt c'est une ferme à moitié blottie derrière la futaie et se refléchissant dans l'eau claire, le long de laquelle court le chemin de halage ou sur laquelle est jetée une légère passerelle. Ou c'est le moulin au pied duquel reposent des chaloupes à voiles, le tout se détachant en une masse obscure sur un ciel orageux dont l'opacité, traversée de brillants coups de lumière, se répercute dans les flots.

Images de prospérité et de bien-être, si riantes et si séduisantes, qu'elles vous inspirent l'envie de naviguer sur un de ces canaux et de plonger gaîment les avirons dans ces ondes. D'autres fois c'est la Vecht dans toute sa largeur, avec un aimable petit village au bout de la perspective, qui se baigne dans le soleil radieux et dont les petites maisons blanches rutilent parmi la haute futaie sombre, à côté du pont-levis si caractéristique. C'est la Vecht dans toute sa splendeur: en plein soleil ou par des temps gris, à la vesprée d'un jour d'automne, quand les feuilles jaunies contractent encore un ton plus chaud aux rayons du couchant; ou à l'aube, quand la lueur naissante effleure à peine la façade d'une vénérable maison de campagne ou d'un château historique, en se jouant à travers le feuillage.

La Vecht a subi maint changement, il est vrai, et s'est „modernisée" en plus d'un point, mais en d'autres endroits ses bords se sont si peu métamorphosés, qu'on pourrait s'en rapporter encore aux éloges dithyrambiques que les poètes des xviie et xviiie siècles faisaient de l'un ou l'autre château riverain.

Ainsi ce ne fut pas un poète moindre que Constantin Huygens qui consacra une série de vers à Goudestein près de Maarsseveen dans laquelle il vante, à travers force jeux de mots, le château hospitalier, la vie confortable et copieuse qu'on y mène, l'atmosphère aimable qui le baigne, la limpidité du fleuve et le cœur loyal du châtelain.

On retrouvera avec plaisir ces campagnes et lieux de plaisance, dans le magnifique ouvrage édité en 1719 sous ce titre: LA TRIOMPHALE VECHT, *représentant un choix de vues de maisons de plaisance, habitations seigneuriales et villages; commençant à Utrecht et finissant à Muijden.*

Les beautés de la Vecht et le faste des châteaux défilent devant vos yeux en une série de gravures. Naturellement c'est le triomphe des haies et des charmilles émondées, de la nature frisée et pommadée. Les fontaines et les berceaux y alternent avec de raides avenues et des quinconces symétriques. L'esprit de Le Nôtre y règne sans partage et les dames très parées qui s'y prélassent, sont tout à fait en harmonie avec cette nature préparée, apprêtée et attifée, que le poète Jan de Regt nous a chantée dans ces strophes:

> Rivière de la Vecht aux cygnes blancs,
> Tes oiseaux, tes poissons et tes ombrages,
> Ton château et tes jolies avenues
> Bordées de gazons fertiles!
>
> Combien mon œil est caressé quand je contemple
> Ces aimables paysages
> Séparés par le cristal de tes eaux, —
> Et tes fières maisons rustiques!

Vreeland, d'après une aquarelle.

Quand, tandis que je navigue sur tes flots
Tu me montres tes rangées de cultures
Ensemencées de céréales d'or,
Combien tu me procures de plaisir!

Assis sur ton rivage,
Tu me ranimes par ta douce fraîcheur,
Et de cette façon je revis de la vie
Presque oubliée à la ville,

Près de Nichtevecht, d'après un tableau.

Je sens mon esprit se réveiller aux sons
De la gorge de ton rossignol:
Des sons plus doux encore que ceux de l'orgue
Elevant mon âme vers le ciel.

J'entends un délicieux ramage
D'un millier d'oiseaux confondus;
Leurs accents glissent sur les eaux
Et le long de tes sentiers verdoyants.

Ils volent par-dessus les fleurs et les parterres
De *Nieuwerode* aux coupoles
De *Goudestein* et au château de *Muiden*,
Répercutés continuellement.

Je vois le poisson frétiller
Et danser sur ton miroir ;
Qui pourrait encore contenir sa joie
Si même les poissons sont joyeux ?

Le bétail, les oreilles dressées
Prend aussi plaisir à ce gazouillis,
Comme si Arion était revenu
Ainsi qu'Orphée aux accents divins !

J'entends susurrer ton onde argentée
Comme une tendre cascatelle
Et le friselis des feuillages de tes chênes
Et de tes peupliers complète cet agréable concert.

La brise occidentale chante comme des violons,
Et me verse des roses dans la bouche,
O Vecht, tu me ravis le cœur,
Je ne me détache plus de tes rivages.

Ton sol regorge de miel doux,
De lait et de beurre tendre ;
Je vivrai donc plus riche qu'un roi,
Dans les délices et libre de tout souci.

Nos ancêtres raffolaient de la Vecht, et les riches patriciens et marchands d'Amsterdam, les Reaal et les Huydecoper séjournaient de préférence dans leurs agréables maisons de campagne, entourées de parcs magnifiques, d'étangs et d'avenues majestueuses, sur les bords de la pittoresque rivière. Mais mieux qu'en ces rimes un peu mignardes et d'un sentimentalisme un peu conventionnel, le charme et la beauté de la Vecht s'évoquent dans une série de grandes aquarelles lavées par notre Du Chattel, et dans laquelle la gentille rivière est célébrée dans ses moindres méandres et ses criques les plus capricieuses.

Du Chattel a poussé si loin l'art de l'aquarelle que ses dessins possèdent souvent la force et l'intensité de la peinture à l'huile.

A quelque distance l'illusion est absolue. Il s'entend admirablement à rendre sur le papier l'étendue et la profondeur, et cela, souvent, par les moyens les plus simples. De gros nuages, mais légers et transparents, courent avec leurs

Le soir
D'APRÈS UN TABLEAU
appartenant à la maison Bouss... Valadon...

A SUPPRIMER

L'hiver, d'après un tableau.

têtes duvetées dans les plaines d'azur du ciel; le tout se reflète dans la rivière tantôt bordée d'arbres des deux côtés, tantôt meublée de chalands dont la cheminée projette une mince spirale de fumée bleue vers le ciel. On oublie le procédé et la couleur; on s'extasie devant ce fleuve radieux et ce ciel caressant et.... l'on se sent plonger dans les dispositions par lesquelles l'artiste a voulu nous faire passer.

Près du pont de Geest, d'après un pastel.

Quelque nombreuses que soient ces aquarelles, Du Chattel ne se répète jamais, et il a beau traiter souvent le même sujet, il ne tombe jamais dans des redites. On ne se lasse pas de revoir ces coins de la rivière enchanteresse et tous ces dessins se recommandent par leur fraîcheur d'impression et leur prestige d'exécution. Oui, Du Chattel est bien le maître, l'amant, l'initié de la Vecht. Son trésor d'études suffirait à nous le démontrer.

Etant donné la tendance actuelle de l'art, on comprend le parti qu'un artiste de l'habileté d'un Du Chattel parvient à tirer de croquis à l'aquarelle. On peut lui appliquer ce qu'on raconte d'un des chefs de l'Ecole de peinture en Hollande: celui-ci commencerait souvent par représenter un moulin sur son Whatmann, et finirait par convertir ce moulin en une mer houleuse; suivant

Près du canal de Loosduin, d'après un pastel.

en cela les évolutions et les caprices de sa fantaisie servis d'ailleurs par une incroyable souplesse, voire une extrême „fluidité" de touche. D'ailleurs l'aquarelle accorde beaucoup plus de latitude et de liberté que la peinture à l'huile. Dans l'aquarelle l'artiste se montre tel qu'il est. On peut l'y comparer à une jeune femme en déshabillé du matin, se présentant à nous sans contrainte et sans artifice. La peinture à l'huile, au contraire, le tableau enfermé dans un large cadre doré, nous évoque le peintre en toilette d'apparat, serré dans un corset qui représente pour plus d'un artiste, un véritable engin de torture.

Pour moi maintes des études si magistralement lavées par Du Chattel et dans lesquelles le pinceau s'est promené en se jouant d'un coin à l'autre de l'aquarelle, en exprimant on ne sait quelle fièvre, quelle joie, quel coup d'inspiration, quel caprice fugace et spontané — perdraient à être transposées en d'importants tableaux à l'huile.

De braves pères de famille et de gentilles petites dames, qui prennent deux leçons par semaine, des leçons très chères, à deux ou trois florins l'heure, chez Monsieur X ou Z, afin d'apprendre à peindre à l'aquarelle, s'imaginent bénévolement que cette peinture n'est qu'un *procédé* qu'on arrive à s'assimiler grâce à une paire de bons yeux, à un outillage de première qualité, et aux conseils du maitre X ou Z précité. Laissons-leur cette illusion puisqu'ils s'y complaisent; mais, entre nous, il nous est bien permis de répéter que comme tout autre art, l'aquarelle, l'eût-on pratiquée durant dix ans — est avant tout une affaire de goût, d'imagination et d'enthousiasme. La moindre pochade d'un artiste laisse transpirer l'art par tous les traits, et ceux-ci ne viennent pas de la main ou du pinceau, mais bien de la tête et du cœur. Ainsi quand je savoure le calme et la quiétude dans ce petit village au bord de l'eau évoqué par Du Chattel, et qui se détache en silhouette sur le ciel clair; quand le sentier le long de la rivière, les hautes herbes, l'eau paisible, la maisonnette blanche dans le lointain, contractent pour moi dans leur ensemble l'importance d'une manifestation du plein air et m'apportent de balsamiques bouffées du large comme le ferait l'après-midi même passée, en été, aux rives de la Vecht — mon émotion est due à bien autre chose qu'aux mérites du pinceau et de la technique; elle atteste avant tout l'impérieuse influence de l'art.

Néanmoins quoique Du Chattel et la Vecht ne fassent qu'*un*, et quoiqu'on puisse appeler notre artiste, le peintre de la Vecht — il ne s'ensuit point qu'il ait conclu avec elle une union indissoluble et qu'il n'ait point connu d'autres amours. Il a fréquemment porté ses pas et dressé ses chevalets ailleurs, notamment aux environs de La Haye, le long du canal de Leidschendam et Loosduinen, où il a jeté son dévolu sur des coins attachants. Tantôt il croquera non loin du canal de Loosduinen un fossé avec un pont, qui feront merveille plus tard sur la toile définitive, comme tant d'autres impressions cueillies furtivement dans ces avenues suggestives; tantôt sa flânerie et aussi son instinct dirigeront ses pas vers le non moins pittoresque Broeksloot.

L'hiver, les paysages neigeux lui ont aussi rapporté de nombreux lauriers. Du Chattel est encore dans son élément quand les arbres se drapent le tronc et les branches dans de rigides fourreaux blancs, quand le canal est en partie fermé par les glaces et quand la route n'est plus indiquée que par les sillons boueux des véhicules. Alors, il se pénètre à son tour de cette impression hivernale; il nous montre de préférence la route qui finit, d'un côté; de l'autre les squelettes de la futaie dépouillée de ses feuilles, et, au milieu, un coin de domaine

Près de Loosduin, d'après un tableau.

seigneurial. Du Chattel n'excelle pas moins dans le rendu de ces ciels plombés ou de ces arbres et de ces prés couverts de neige, que dans ses radieuses vues de rivières. La reproduction ci-contre d'un de ses tableaux *Achter Rijswijck* fournira la preuve de ce que j'avance.

Dans ces conditions on comprendra que cet art éminemment patrial au

Rijswijck, d'après un pastel.

charme duquel nul ne pourrait se dérober, ait été plus d'une fois l'objet d'une distinction. Du Chattel remporta une médaille d'argent lors de l'Exposition Universelle Coloniale d'Amsterdam, en 1883, et lors de l'Exposition Universelle de Paris, en 1889; l'Exposition Internationale de Berlin, en 1891, lui valut une distinction non moins flatteuse et le Prince Régent de Bavière, qui porte tant d'intérêt à l'art néerlandais si brillamment représenté dans les salons annuels de Munich, accorda en 1891 à notre beau peintre la croix de l'ordre de Saint-Michel

Achter Rijswijck, d'après une étude.

après que l'année auparavant le Jury lui eût décerné la médaille d'or. Plus tard il reçut aussi la croix de l'ordre de Léopold de Belgique. Il fut un temps, je parle de la période romantique, où nos peintres étaient reconnaissables du plus loin qu'on s'en approchât, à la bizarrerie de leur accoutrement, à la longueur de leurs cheveux, à la forme particulière de leur chapeau renfoncé sur les yeux ou rejeté en arrière. Ces jours sont déjà loin. Et, aujourdhui, il est même difficile de distinguer un peintre du commun des mortels, du moins en ce qui concerne sa „dégaine"; la plupart ayant renoncé à se faire une tête et à se distinguer par le débraillé et la bohème inhérents à l'emploi.

Visitez une exposition de Pulchri Studio, assistez à une assemblée d'artistes, neuf fois sur dix la toilette de ceux-ci aura cessé de trancher sur celle des autres humains. Il en est ainsi pour le personnage dont je m'occupe. Ceux qui ne le connaissent point personnellement seraient tentés de le prendre pour un officier d'infanterie, faisant de l'art à ses moments perdus.

Tel que vous le voyez là, au moment où il redresse la tête en détournant son regard de la toile; avec son teint rosé, son regard amical, sa voix virile et sonore, il ferait l'ornement de la compagnie à la tête de laquelle il se trouverait. Mais par son art si agréable et si sympathique, si bellement à la portée de la masse, hollandais jusqu'aux moelles, il réjouit une compagnie bien plus importante: le public.

La vie de notre héros s'est écoulée jusqu'à présent sereine et paisible comme les eaux de sa chère Vecht. Aussi toute son existence pourrait se résumer en ces mots: il vint au monde, devint peintre, époux et père, et coula ses jours en paix. Avec le Dr. Lud. Smids qui chanta Onderhoek sur la Vecht, Du Chattel pourrait s'écrier en songeant à sa rivière favorite:

> Coin de délices, quel mortel parviendrait à te quitter?
> Je m'arrête à chaque pas.
> Et s'il me faut m'exiler de force,
> Accorde-moi de t'envelopper d'un dernier regard.
>
> Je m'arrête à tout ce qui t'élève
> Au-dessus de l'ordinaire;
> Ton kursaal, tes étangs, tes promenades;
> Tout ce qui fera renaitre mon esprit mélancolique.

Mais la poésie même ne parvient pas à rendre la ferveur quasi filiale et la douce nostalgie dont sont imprégnées les toiles et les aquarelles du chantre de la Vecht. Beaucoup auront compris et admiré la ravissante rivière, lui seul l'aura aimée d'un amour digne d'elle. De même en regardant différents portraits d'une personne connue exécutés par plusieurs peintres, un de ces portraits dégage le charme, le fluide, la chaleur de la vie intime, et même,

Près d'Abcoude, d'après un pastel.

III

12

sans avoir vu le modèle, on a conscience que c'est ce portrait-là, qui est le plus complet et le plus définitif. Pour beaucoup la Vecht n'aura été que l'objet d'une passionnette, d'une liaison passagère, de ce que l'on pourrait appeler un caprice, un *flirt* d'artiste: ils l'auront admirée pour ses ravissants dehors sans en découvrir ces mérites que, comme les femmes, la nature cache pudiquement aux sympathies et aux enthousiasmes passagers.

C'est pourquoi les meilleurs *portraits* de la Vecht seront incontestablement ceux de Van Rossum Du Chattel.

JAN VROLIJK

PAR

P. A. HAAXMAN J^R.

Le sentier aux Vaches, d'après un tableau appartenant à Mme Vve Jean Vrolijk.

JAN VROLIJK.

S'il me fallait écrire une histoire de La Haye et de ses habitants, j'y inter-
calerais cette inscription lapidaire, gravée en lettres d'or: M. Jean Martin
Vrolijk, né dans la Résidence le 1er février 1846, y vécut jusqu'à ce jour dans une
élégante maison du quartier dit le *Noordeinde*, sise au Nº 103. Et l'envie me
prendrait d'aller d'abord jeter un coup d'œil à l'intérieur de ce „home" hospitalier du jovial artiste et de tracer pour le lecteur un tableau de la bonne
vieille vie familiale hollandaise.

Jan Vrolijk partage le bonheur du foyer avec une femme charmante et intelligente, 1) et le jour durant la maison retentit du joyeux babil de trois fillettes aux yeux étincelants et aux joues rosées, et d'un superbe garçon qui vient à peine de faire ses premiers pas et qui prend déjà son plus grand plaisir à feuilleter des livres d'images dans lesquels sont représentés force vaches et force chevaux. Lorsque la petite famille Vrolijk se tient à la fenêtre, les passants s'arrêtent involontairement. Un véritable régal pour les yeux que ces quatre têtes blondes, et le Sanzio n'aurait jamais trouvé modèles plus exquis pour les angelets entourant sa célèbre Madone.

Si j'écrivais particulièrement à l'intention de l'habitant de La Haye, il me faudrait constater que M. Vrolijk bien vu dans tous les mondes, l'est surtout dans le cercle de ses confrères; qu'il lui répugne de critiquer le prochain sans doute parce que lui-même éprouva trop souvent les difficultés de la vie; et qu'il se montre impitoyable à l'égard de ceux qui se permettent d'émettre un jugement sur les autres, alors qu'eux-mêmes n'ont encore rien produit de passable. Dans ces occasions, sa parole et son geste ont une rondeur, une conviction et une franchise tout à l'éloge et à l'avantage de cette noble nature.

Mais, cessons de parler de M. Jean Martin Vrolijk pour nous occuper de l'artiste Jan Vrolijk, l'animalier et paysagiste, qui met, il est vrai, la dernière main à ses ouvrages dans une pièce spacieuse de sa demeure, mais dont le véritable atelier n'a pas de bornes, et se trouve situé dans les pâturages ensoleillés, parmi les fermes éclairées d'une manière si piquante, au milieu des troupeaux de vaches laitières, bref au sein de la féconde et hospitalière nature : c'est là que Vrolijk se trouve dans son élément. Il s'y plongeait déjà tout enfant, alors qu'il ignorait encore quelle serait sa carrière. A cette époque, l'été de la Saint-Martin du romantisme, la peinture en plein air était loin d'être aussi répandue que de nos jours. En revanche on dessinait davantage. Aujourd'hui, c'est le contraire : on dessine trop peu et on peint trop vite. Mais, passons. Pour ne nous occuper que de Jan Vrolijk, notre ami eut pour premier maître de dessin son propre frère, Adrien, âgé de 12 ans, un des meilleurs élèves d'André Schelfhout. Le plus grand plaisir de Jan consistait à voir son aîné, le soir, à la veillée, faire des dessins à la plume des impressions recueillies pendant le jour. On trouvait de tout dans l'album d'Adrien : paysages, animaux, vues de villes, types de voisins et de passants, ornements, détails d'architecture, jusqu'à des portraits de célébrités contemporaines. On y rencontrait surtout de très ressemblants portraits de peintres. Ainsi on reconnaissait Destrée, David Bles, S. Verveer, Herman ten Kate, Scheeres, Bakhuijzen Senior, tous peintres de marque en honneur chez les jeunes générations artistiques de cette époque.

Jan parle encore avec enthousiasme de son premier maître. Il ne profita point longtemps de ses leçons, car Adrien mourut déjà à l'âge de 28 ans. Jan garde religieusement les dessins et peintures de ce Vrolijk senior, et il les montre de temps en temps à ses amis : ce sont de jolis tableautins, de ceux que les

---

1) M. Vrolijk épousa, le 14 août 1884. Mlle Marie Kruijt.

Hollandais appellent des *morceaux de cabinet*, et qui portent la marque de
l'époque de Schelfhout et de B. C. Koekkoek. Il y a surtout un délicieux
paysage et un excellent portrait à l'huile du père des deux peintres, qui témoignent
des solides études d'Adrien.

Entre temps Jan était entré à l'Académie de Dessin de la Haye où il suivait
assidument les leçons du directeur Van den Berg, puis de J. Ph. Koelman. Il
remporta d'abord des prix d'anatomie et de dessin d'après le nu. A cette époque
il fit aussi la connaissance de P. Stortenbeker à qui il montra ses premières
études et qui autorisa ce débutant appliqué et plein de promesses, à l'accompagner dans ses excursions dans les pâturages hollandais. Pour le développement de sa personnalité artistique Vrolijk doit beaucoup à ce maître.

Vache au pâturage, d'après une étude.

La période critique approchait. Le jeune artiste travaillait ferme, en vue de
l'Exposition, dans sa chambrette de la „Hofspui"; il s'agissait de son premier
envoi. Aujourd'hui nos débutants apportent moins de conscience dans la conception et la facture de leur première oeuvre exposable. Autrefois, le premier
tableau qu'un jeune peintre faisait recevoir au salon triennal constituait un véritable événement dans sa vie et était, souvent, non seulement le point de départ
de sa carrière mais parfois un commencement de renommée. Il est vrai qu'à
présent tant d'expositions sévissent en tout temps et en tout lieu, que beaucoup
d'envois estimables passent forcément inaperçus.

Les épreuves ne furent pas épargnées au jeune Jan Vrolijk. Comme au jeu
du mât de Cocagne, chaque fois qu'il se croyait arrivé au but, il retombait par

terre de toute sa hauteur mais la persévérance vient à bout de tous les obstacles. Puis, Jan était soutenu par son intarissable belle humeur. Il fut bientôt très bien vu parmi ses jeunes confrères, comme lui riches en illusions et vivant au jour le jour.

A l'âge de 20 ans il envoya à l'Exposition d'Amsterdam, deux tableaux, des paysages avec animaux, l'un par un temps couvert, l'autre pendant l'orage. A l'Exposition suivante, à la Haye, il vendit un tableau à M. E. L. Jacobson, un Mécène de ce temps là, qui possédait une collection renommée. C'était une belle et importante composition intitulée *Au marché aux chevaux*; une scène animée et vivante, avec, au premier plan, des maquignons et des valets conduisant des chevaux au marché et, à l'arrière plan, un grouillement de badauds et d'acheteurs villageois. Jan a eu beaucoup de plaisir de ce tableau qui représente, d'ailleurs, une des plus remarquables toiles de sa première jeunesse.

Le peintre „en voie d'arriver" put donc s'accorder un premier voyage d'études. Quelle joie lorsqu'il mit pour la première fois le pied au dehors et qu'il prit place sur le bateau de Rotterdam à Drielsche-Veer! Un ange gardien l'attendait à Oosterbeek dans la personne d'une dame Lammers, chez qui il devait prendre sa pension. Il faut encore lui entendre raconter savoureusement ce premier voyage!

Les voyages étaient fort à la mode à cette époque dans le monde des peintres. L'un se rendait à Rome, l'autre à Paris, et celui qui ne pouvait se payer un voyage si lointain, se contentait de „faire" les bords du Rhin et de pousser jusqu'à Dusseldorf. L'ami Jan avait beaucoup entendu parler des fameux voyages à l'étranger entrepris dans leur jeunesse, par Bosboom et Sam Verveer, et à une époque où, pour naviguer en Hollande, on en était encore réduit à prendre le coche d'eau. Jan n'aurait évidemment point dédaigné ce moyen de transport, mais il profita des progrès accomplis, et en „homme de son temps," il prit le paquebot à vapeur pour le Drielsche Veer. Le jeune voyageur devait apprendre bientôt ce qu'il en coûte de quitter la première fois la maison maternelle. Vers le soir le bateau arriva au bout de sa traversée et notre citadin, notre échappé de la capitale, se trouva débarqué seul, sur le Veer de Driel, tout à fait en pays inconnu. Mais il trouva sans trop de tâtonnements le chemin d'Oosterbeek dont le cachet pittoresque et agreste ne laissa pas d'impressionner agréablement sa nature d'artiste. D'un côté, la rivière, de l'autre les épaisses futaies, et tout le paysage enveloppé dans cette tourmente de couleurs, qui prête tant de prestige et de charme aux paysages de la Gueldre, par les soirs d'été. Mais en attendant il faisait de plus en plus noir et désert sur la route, et Jan aurait encore à courir longtemps avant d'atteindre Oosterbeek. Voilà, que tout à coup le silence est troublé par un bruit de pas accélérés, le pas d'un particulier qui se hâte pour en rattraper un autre. De son côté Jan pressait aussi le pas, peu rassuré, appréhendant d'avoir sur ses talons un maraudeur ou tout autre quidam suspect. Il songeait aux conseils de sa digne mère qui l'avait longuement prémuni contre

La rentrée du troupeau, d'après une aquarelle appartenant à M. Steese de New-York.

les mauvaises rencontres. Mais comment éviter le danger! L'inconnu gagnait de plus en plus du terrain. Peut-être n'était-il même pas seul! Au moment d'être rattrapé, Jan résolut de défendre chèrement sa vie. Il se retourna vivement et se trouva en présence de son ennemi....

— Ouf!... Ce que vous courez... jeune homme! Vous vous rendez aussi à Oosterbeek?

Et Jan dévisageant son persécuteur, lui trouva la mine et les dehors d'un brave petit homme, qui cumulait à Oosterbeek, comme notre peintre l'apprit par la suite, les fonctions honorables de sacristain et de tailleur. Le compère à qui la route semblait, à cette heure nocturne, encore plus longue que d'habitude,

La dernière charrettée (étude).

ayant avisé un autre voyageur marchant devant lui, s'était empressé de redoubler de jambes pour le rattraper et marcher de conserve.

Jan fut enchanté de cet abordage, le compagnon se trouvant en mesure de lui fournir tous les renseignements dont il avait besoin sur Oosterbeek et les habitants de la localité.

Comment! Si le tailleur connaissait la dame Lamers! C'est lui qui ravaudait les culottes de toute la famille! Une brave et digne femme! Monsieur se trouverait on ne peut mieux chez elle. Et si monsieur était peintre, monsieur ne devrait pas manquer de faire visite à monsieur M., lequel était aussi une manière de peintre et qui dessinait si coquettement les arbres et les maisons qu'on aurait eu envie de grimper sur les uns et de pénétrer dans les autres!

Bref, Jan connaissait Oosterbeek avant même d'y avoir mis le pied. Son obligeant cicerone lui montra le chemin de la maison de son hôtesse, mais la bonne dame étant allée faire la causette chez une voisine, Jan résolut de se rendre sur le champ chez le paysagiste de l'endroit. Le tailleur-sacristain l'y eut bientôt conduit et, sur le seuil de la porte, il prit cordialement congé du voyageur. Jan trouva la famille du paysagiste autour de la table du souper, et il ne se fit par inviter deux fois à prendre sa part de la soupe au lait. Vrolijk ne se rappelle pas avoir été jamais mieux reçu de toute sa vie. Et le

Etude.

plus réjouissant de l'aventure, c'est qu'il se trouva que ce paysagiste était un ami du père de Jan, qui fut on ne peut plus utile au jeune homme durant son séjour à Oosterbeek.

Jan s'étant adonné de cœur et d'âme à la peinture du paysage avec animaux avait trouvé aux environs de la Haye le pays qui lui convenait, et il se dispensa donc de faire des voyages lointains ou même de s'éloigner des contrées de sa savoureuse patrie. Il ne sortit du cercle des gras pâturages autour de Gouda, Stompwijck, Veur, Zoetermeer, Leidschendam, que pour prendre tout aussi intimement possession des campagnes occidentales, autour de Ryswyck et de Wassenaer. Sa prédilection pour l'une ou l'autre contrée est due le plus souvent au magnifique bétail qu'il y a rencontré! Il s'entend on ne peut mieux à prendre les fermiers et éleveurs par leur côté faible et à en obtenir ainsi tout ce qu'il veut. Aussi est-il on ne peut mieux vu dans ces campagnes. Il prend toujours place avec ses amis à la table frugale mais abondante et il lui suffit d'avertir les gens de son arrivée pour qu'il trouve chez eux le gîte et le couvert. La ferme et ses dépendances, les étables comme les prairies, les gens et les bêtes: tout est mis à sa disposition. S'agit-il de pousser, là bas, en tel coin de prairie plus favorable, la *Rousse* ou la *Brunette*, ou la *Marion*, vite, les petits vachers sont là pour donner un coup de main au monsieur, et rappeler à la „pose" les modèles pas toujours commodes. Aussi, pour reconnaître la com-

Maître Baudet, d'après une étude.

plaisance de ces fermiers, leur a-t-il laissé plus d'une fois l'une au l'autre étude qui fait, depuis, l'ornement de la *meilleure chambre* (beste kamer). Il excelle aussi à s'entretenir comme s'il était un des leurs, avec le paysan et sa femme, et à se lamenter sur l'invariable dureté des temps!

Dans ces conditions il n'est pas étonnant que ses confrères se disputent le plaisir de l'accompagner dans ses excursions. Combien de fois n'est-il pas arrivé que Vrolijk et ses amis passaient des jours et même des semaines chez un fermier aisé dont les domaines leur offraient ample matière à études et à observations. On travaillait ferme durant ces villégiatures et l'on ne s'en retournait à La Haye que les portefeuilles bourrés d'études et de croquis. Mais pour varier, et afin d'abréger les longues soirées, ou bien encore pour rehausser et corser les cérémonies des fiançailles, ou du mariage de la fille de leurs hôtes, nos peintres organisaient des fêtes auxquelles la famille et les amis des

fermiers accouraient de plusieurs lieues à la ronde. Nos artistes y donnaient un
échantillon de leurs talents de beaux diseurs et de comédiens. Comme à l'origine
du théâtre ils donnaient des représentations en plein air: la tonnelle servait de
scène; la prairie était la salle de spectacle. Louis Apol et Jan Vrolijk étaient
les régisseurs et les principaux acteurs de ce théâtre improvisé, qui s'intitulait
pompeusement *Théâtre Royal de Stompwijck* et où des représentations des
Noces de Kloris et de Rosine et d'*Abellino* alternaient avec de magnifiques
tableaux vivants.

* *
*

Taureau noir et blanc, d'après un tableau, appartenant à M. Overvoorde à La Haye.

En 1874, Vrolijk exposa pour la première fois à l'étranger. Son *Taureau
détaché*, une bête superbe peinte en raccourcis, à l'encolure formidable, se battant
les flancs de sa queue, redressant la tête en un mouvement farouche — fit
sensation à l'Exposition Internationale de South Kensington à Londres et valut
une médaille de bronze au jeune maître. L'année avant, ce tableau avait
figuré à l'exposition de la société *Arti*, à La Haye, où le ton chaud et le
ferme modelé du taureau campé dans un paysage ensoleillé avaient été
fort admirés. La mère nature elle-même avait mis notre peintre sur la
bonne voie, et depuis son *Marché aux chevaux*, Vrolijk avait fait un pas
de géant.

En 1879 il remporta à l'exposition *Arti*, la médaille de bronze pour son grand tableau *au pâturage*, montrant un troupeau de vaches superbes, d'un ton on ne peut plus savoureux, paissant à l'ombre de la haute futaie. Le même tableau fut exposé à Anvers, par M. L. V. Ledeboer, le Mécène rotterdamois, qui l'avait acheté. Je revois encore cet aimable vieillard dans sa somptueuse demeure, et je me rappelle son enthousiasme pour l'œuvre de Vrolijk à laquelle il avait même accordé une place d'honneur dans sa remarquable collection. Par la suite Vrolijk peignit encore d'autres vaches au pâturage, entr'autres une très belle toile pour la collection de Mme Zubli van den Berch van Heemstede de La Haye. A côté du peintre animalier le paysagiste s'impose dans ces scènes agrestes par sa copieuse peinture du sol et des arbres, par ses ciels étendus et vibrants, par la couleur fraîche et lumineuse qu'il préserve même dans ses ombres, par une technique qui trahit, dans chaque coup de pinceau, l'étude directe et approfondie de la nature.

De nombreux succès récompensèrent ce probe et noble travailleur. Le maître exposa en 1881 à Zutphen un paysage avec vaches *à l'approche de l'orage*, auquel la société *Pictura* attribua la médaille d'or. Le motif capital de ce tableau réside dans un superbe taureau, seul au bord d'un canal, dans un paysage dramatisé de saisissante façon par la menace, dans le ciel, d'un amoncellement de nuages lourds d'électricité. Les dunes blondes le séduisirent en 1883 et lui inspirèrent une délicate composition destinée à une exposition d'Amsterdam, où son envoi lui valut une nouvelle distinction.

Feu le Roi Guillaume était un chaud admirateur de l'art de Vrolijk. Après lui avoir acheté une maîtresse toile intitulée *Derrière les chaumières*, le Roi le nomma, en 1888, chevalier de l'Ordre de la couronne de Chêne. En 1891, la Reine Régente à qui son époux en avait fait don, consentit à envoyer ce tableau à l'Exposition internationale de Berlin, où il occupa une place dans le salon d'honneur. Il y souleva l'admiration universelle et fut même remarqué par l'empereur Guillaume à qui Vrolijk fut présenté par Mesdag en même temps que W. Martens et Elch. Verveer. L'empereur avait été vivement sollicité par le coloris et la composition. L'auguste propriétaire du tableau le tient en si haute admiration, à cause de l'âme et de la nature hollandaise qui y chantent avec tant de ferveur, — qu'elle l'emporte avec elle à chaque changement de résidence.

A la même Exposition de Berlin, Vrolijk avait encore une toile plus importante : *Un matin d'été* où des vaches, à l'avant-plan, s'abreuvent au bord d'une mare, et où, au milieu et au fond, le soleil répand des myriades de miroitements sur les pâturages. Une lumière chaude et éthérée baigne l'ensemble. Le jury international décerna pour cette toile la grande médaille d'or à notre peintre.

Comme pendant à ce *Matin d'été*, Vrolijk peignit un *Soir d'été* aux environs de Rijswijck, un tableau qui brilla, depuis, dans la section néerlandaise de la *World's Fair* à Chicago. Le succès de ce tableau fut tel là-bas qu'il valut à l'artiste de nombreuses commandes d'amateurs des Etats-Unis, et que tout ce qu'il avait envoyé, peintures et tableau, fut acquis d'emblée.

Moutons dans les dunes, d'après une aquarelle.

En 1893 il envoya à Munich un tableau où un troupeau de bœufs, pressés l'un contre l'autre, semble foncer vers le spectateur. Le tableau est admirablement dessiné, et aussi réussi au point de vue du modelé que de la perspective et du mouvement. Les bêtes sont achevées et brossées d'un pinceau magistral. Le sol gras et la lourde atmosphère ne font pas moins illusion. Le tout représente une page vigoureuse et victorieuse où la difficulté vaincue fait l'ébahissement de tous les connaisseurs.

Vrolijk peut être classé comme coloriste à côté des maîtres paysagistes de France. On en eut la preuve en 1892, lors de l'Exposition que le *Club artistique* de Rotterdam organisa à Schéveningue et où quelques petits tableaux du maître, traités dans une chaude gamme brune, affrontèrent sans pâlir le dangereux voisinage des Troyon, des Diaz, etc.

Comme aquarelliste aussi, Vrolijk brille au premier rang. Il manque rarement de participer aux salonnets de *Pulchri Studio;* aussi, de leur côté, les amateurs s'empressent, non moins régulièrement et fidèlement, d'enrichir leurs portefeuilles des merveilles qu'il offre à leurs convoitises. La *Société Royale belge des aquarellistes* le nomma membre d'honneur. Lorsque le maître exposa pour la première fois à Bruxelles, la reine de Saxe visitait précisément l'Exposition et elle acheta une des aquarelles de notre compatriote.

Le meilleur de son œuvre se trouve dans les collections particulières de MM. P. J. van der Burgh, Betz, Heyligers, Kruijt, W. A. Schroot, J. Apol, Mme. Zubli, MM. J. G. Patijn, Overvoorde, Nieuwenhuijzen à la Haye, Polak et Joz de Kuyper à Rotterdam, Van der Schalk à Schiedam, Van Hoffen à Utrecht, Krayestein à Arnhem, etc. Les collectionneurs — ils sont encore nombreux, heureusement, dans notre pays — possèdent tous un ou plusieurs tableaux ou dessins de Vrolijk, mais la majeure partie de son œuvre s'en alla à l'étranger, soit par des commandes directes, soit par l'intermédiaire des marchands de tableaux. Ainsi M. Steese, de New York, possède pour sa part quatre des bonnes toiles de notre grand animalier.

Mais Vrolijk ne figure pas seulement en belle place dans les galeries privées il est représenté aussi par maint chef-d'œuvre dans les musées publics. Ainsi on trouve de sa meilleure peinture dans le musée moderne de la Haye, dans la „Fondation Teyler", au musée Boymans etc. Ce dernier possède notamment de très belles eaux-fortes du maître. Vrolijk est, en effet, un maître aquafortiste. Ses eaux-fortes ne trahissent pas l'hésitation, la timidité, la morbidesse, mais elles sont fermes et crânes, directement inspirées par la nature, et il y fait vibrer comme dans ses tableaux, la couleur et la lumière.

Il lui arrive aussi de déposer le pinceau pour la plume et, au moyen de celle-ci, il exécute de très agréables paysages „étoffés" de vaches et de bœufs. Plusieurs de ces dessins à la plume, dont se souviennent les visiteurs de *Pulchri*, sont allés garnir le portefeuille de la Reine des Pays-Bas.

* *
*

„L'avenir

D'APRÈS UN TABLEAU

appartenant à Mme Zeldi- Van den Berch van Heemstede

A SUPPRIMER

Un chemin à Vreeland, d'après une aquarelle.

Vrolijk s'entend amirablement aussi à vivre sur un pied de confiance et de
familiarité avec la vache, même avec le taureau, ou avec le bœuf, leur oncle à
tous deux. On pourrait croire cependant que l'espèce bovine fournit les sujets
les moins dociles à la „pose". Quoiqu'il en soit Vrolijk est parvenu à connaitre à fond ce bétail tantôt éperdu, tantôt farouche ou curieux, tantôt… avachi.
Il a fait une étude approfondie, non seulement de l'anatomie de ses intéressants
modèles, mais aussi de leur façon de vivre et de leurs habitudes. Il les a
observés minutieusement au cours de ses pérégrinations souvent pénibles le
long des digues, au bas des talus, dans les prairies marécageuses, au bord
des canaux et des fossés d'irrigation. Quoiqu'ils fissent il parvint toujours à
prendre et à faire passer par où il voulait ces ruminants aux caractères
aussi variés que la couleur ou les combinaisons de couleur de leur pelage.
Suivant les circonstances il en prend des instantanés, ou il les accouple en un
langoureux tête-à-tête au bord d'une mare, ou il les groupe en une compagnie

Chien dormant, d'après une étude.

sociable à l'ombre de la saulaie. Les vers suivants dans le goût de Franc—
Nohain que je commis l'indiscrétion de copier à son insu dans un de ses
calepins remplis de physionomies bovines, prouvent à quel point il est entré
dans les habitudes intimes de la gent mugissante:

Les vaches aussi ont leur mimique et font parfois de bien étrange musique,
Que vous entendrez sans doute, mais sans la comprendre,
Et cela, eussiez vous même fait vos études à Leide.
Souvent elles visitent l'autre rive de la mare,
Pour le plus grand malheur des navets de Janus, le maraîcher,
Puis, elles vous font de petites parties de plaisir à des heures de là,
Et se comportent aussi agréablement dans les blés que dans les champs de carvi;

Ou bien elles s'en laissent conter par l'un ou l'autre taureau, si drôle,
Qu'il les fait se rouler dans l'herbe comme de petites folles !
En un mot elles vous ont souvent des manières si émancipées,
Qu'elles semblent avoir lu des ouvrages français ou même latins.

J'irais presque jusqu'à dire que les tableaux et les aquarelles de Vrolijk,

Sous la saulaie, d'après un tableau.

révèlent la sympathie que les bêtes vouent à ce cordial paysagiste qui les
peint si crânement et qui n'en dit jamais de mal. En vérité, c'est aussi sous
ce jour de bonhomie que Vrolijk se montre à ses semblables. J'ai rarement
rencontré optimiste plus imperturbable. Lorsqu'il parle d'autrui et surtout
lorsqu'il s'occupe de ses confrères, il ne tarit pas en éloges sur leurs qualités
et leurs mérites. Lorsque je m'avisai d'avoir un entretien avec lui et que je

fus *l'interviewer*, c'est à peine s'il me toucha un mot de sa propre personne, mais en revanche j'aurais bien trouvé la matière d'un volume dans les remarques qu'il me fit sur ses confrères, et particulièrement sur les vieux maitres, qu'il vénère au plus haut degré. Nul ne s'entend comme lui, en s'aidant d'un geste expressif du bras droit, à définir en peu de mots ce qu'il y a d'original dans l'œuvre de l'un ou l'autre maitre. Ainsi, par exemple, il caractérisera de cette façon le talent d'Elchanon Verveer qui excelle dans le dessin des naturels de Schéveningue:

„Ce n'est pas à La Haye ou le long de la route de Schéveningue que vous

Paysage d'hiver, d'après une aquarelle.

rencontrerez les modèles de „Koni"; mais bien dans les bicoques des confins du village; c'est là que vivotent ses petits vieux ratatinés et ses vétérans rabougris!"

Et à propos des charges et caricatures de Verveer, il fut amené aussi à me parler d'un confrère mort prématurément, l'excellent dessinateur Holswilder, qui n'avait besoin de voir qu'une seule fois une physionomie connue, pour en faire aussitôt un portrait ou une caricature d'une ressemblance saisissante:

„Je me souviendrai toujours, disait Vrolijk, d'avoir rencontré Holswilder, un jour qu'il se rendait à la Chambre pour y croquer la tête d'un de nos hommes du jour. Le hasard voulut que ce personnage vint à le croiser. Je signalai notre homme à Holswilder, qui le considéra attentivement, et qui poursuivit ensuite sa promenade avec moi. Il n'avait plus besoin à présent de se rendre à la Chambre. Holswilder avait fixé son type dans sa cervelle, et deux jours après le périodique paraissait avec une caricature réussie de M. X."

Vrolijk témoigne un intérêt tout particulier à des artistes de talent, à qui d'aucuns s'efforcent de „passer sur le ventre", et à qui il s'empresse de rendre hommage chaque fois qu'il en trouve l'occasion. Qu'un „jeune" donne des promesses et fasse preuve de talent, et il peut être certain que Vrolijk sera le premier à le „pousser" et à le prendre sous sa protection. Il trouve une excellente occasion d'exercer cette influence bienfaisante depuis qu'il a été nommé membre de la „commission des subsides royaux" en remplacement de feu J. W. van Borselen.

Étable près de la Beeklaan, d'après un tableau appartenant à Mme Vve Jan Vrolijk.

Parmi les membres de *Pulchri Studio* Vrolijk est une des personnalités les plus fêtées. On y apprécie encore plus qu'ailleurs son commerce affable, sa belle humeur, son tact, son plaisir de rendre service. Commissaire des Expositions, depuis qu'il est en fonctions c'est lui qui a fait vendre le plus de tableaux, grâce à son talent pour entraîner et exciter le public. Mais n'a-t-il pas tous les talents, ce grand artiste doublé d'un homme exquis? A-t-on jamais rimé fantaisies plus abracadabrantes que celles dont il donnait lui-même lecture dans les joyeuses réunions des artistes de Pulchri, dans l'ancien local du Hofje van Nieuwkoop? Et elles seront inoubliables ces soirées classiques où l'on jouait l'histoire lamentable *d'Amanda ou la Puissance de l'Argent*, le *Règne de Mille ans* avec ses contrastes bouffons, ou le drame en cinq actes, *Cetewayo et Jakub Khan*, ou les deux monarques détrônés et bannis. Vrolijk était *l'auctor intellectualis*, c'est-à-dire l'âme et l'acteur principal dans ces farces

Soir d'été, d'après une aquarelle.

énormes. C'est dans l'atelier de Du Chattel que Vrolijk, Tony Offermans et

En route! d'après une étude appartenant à Mme Vve Jan Vrolijk.

Apol composaient ces parades échevelées dont la musique était due à Keus-
kamp, l'Offenbach de ces Meilhac et Halévy.

Lorsqu'on est enfin parvenu à faire parler un peu Vrolijk de son art à lui, son ton change du tout au tout. Il devient sérieux, il se montre presque pessimiste, c'est-à-dire à l'antipode de sa nature. Il fait l'impression de quelqu'un qui a beaucoup lutté et peiné sans être arrivé au résultat poursuivi. „Aujourd'hui j'ai de nouveau tenté de grimper au mât de cocagne," a-t-il coutume de dire, „mais j'en suis descendu avant même d'être arrivé à moitié chemin!"

Pour se remettre il met alors la conversation sur les tableaux du Mauritshuis et se lance dans une apologie enthousiaste du *Taureau* de Potter, un maître auquel il porte un véritable culte.

L'atelier de Vrolijk n'est pas un capharnaüm artistique, mais une pièce haute, spacieuse et bien éclairée, un musée coquettement ordonné, dont ses études d'animaux, très poussées, ornent les parois. Ce n'est pas dans cette chambre, toutefois, que Vrolijk cherche des impressions artistiques, mais bien en pleine campagne, devant la nature, son atelier par excellence. Chez lui il cause principalement de ses confrères dont il analyse la personnalité. Et lorsqu'un visiteur ne parvient pas à détacher les yeux d'une de ses aquarelles ou de ses études à l'huile, le maître se contentera de dire:

— Ah, oui!... Cette étude-là. C'est inspiré directement de Bonne maman!...

Bonne maman? La Nature! Vrolijk ne connait, ne vénère qu'elle. Qui la néglige n'arrivera jamais à rien.

IN MEMORIAM.

Cette notice consacrée à Jan Vrolijk doit, hélas, être complétée par quelques lignes de deuil. Qui se serait imaginé que ce robuste jeune homme, cette physionomie amicale et franche, cette personnalité si éminemment sympathique, cet artiste débordant de la joie créatrice, aurait été enlevé si tôt à son art et à ses amis! Dans tout ce que je lus et entendis après son décès, sur sa personne et sur son œuvre, ne s'exprimaient que des sentiments de reconnaissance et de regret; il ne se trouvait personne qui ne déplorât la perte d'un artiste *bien vu* s'il en fut dans le plus critique et le plus ombrageux des mondes.

Vrolijk est décédé au moment où les commandes affluaient chez lui, d'Angleterre, d'Allemagne et d'Amérique. Il aura passé son dernier été terrestre

Dans la prairie, d'après une aquarelle.

à travailler ferme et à remplir son atelier des plus fervents hommages à Grand-mère Nature. En voyant suspendues à la paroi, lors de son exposition posthume à *Pulchri*, ces toiles radieuses et sincères, c'était comme si sa chère personne allait à l'instant se présenter devant moi. Mais ceux qui n'ont pas eu le bonheur de connaître personnellement Vrolijk salueront dans son œuvre l'expression la plus saine et la plus médullaire de l'art néerlandais à la fin du XIXᵉ siècle. Et ce n'est pas trop m'avancer que de dire: tel sera aussi le jugement de la postérité.

GERKE HENKES

PAR

LOUIS DE HAES.

Les Fabriciens, d'après un tableau.

GERKE HENKES.

A mon avis rien n'est abominable et énervant, comme de devoir subir
avec résignation des propos ou des procédés désagréables, alors
qu'on ne peut protester ni se défendre et qu'on se trouve à la merci du
persécuteur.

Un désagrément de ce genre m'est advenu dans ma tendre jeunesse, à l'âge où je n'aurais su articuler un mot, et le fait que je m'en souviens encore dit assez le profond ressentiment que j'en éprouvai.

Oui, c'était un sentiment de rage, de vengeance infernale.

M. Henkes, un des bons habitués de la maison paternelle, s'avisa on ne peut plus malencontreusement un jour de m'adresser la parole, à moi le dernier né de la famille.

Je conçois fort bien à présent que ce fut, de sa part, une politesse à l'égard de mes parents et qu'il n'y mettait aucun méchante intention, mais cela n'empêche que je pris une horrible peur de ce visage inconnu.

Je le vois encore tel que je le vis en ce moment.

Je sens encore le tiraillement de ma lèvre inférieure, le voile devant mes yeux terrifiés, la contraction de mes sourcils, et finalement l'explosion de mes cris désespérés.

Maman intervint en balbutiant: „C'est bizarre! Le garçon n'est jamais intimidé!" (c'est ce que disent toutes les mères); Henkes, pour dire quelque chose aussi, bredouilla qu'il me trouvait un drôle de petit bonhomme: une charmante petite bouche, un amour de petit nez: et il mentit encore davantage pour faire plaisir à ma mère, et ces louanges eurent pour conséquence qu'on me souleva de terre pour révéler au visiteur mes beautés plus intimes.

En ce moment je crois que Henkes et moi étions parfaitement d'accord: nous en avions tous deux assez. Il me maudissait du fond de l'âme et moi je le lui rendais bien.

Mais qu'il le voulût ou non, il fallait que le pauvre homme me prît dans ses bras pour s'assurer en effet que je n'étais pas intimidé le moins du monde.

Et se voyant réduit à cette extrémité de devoir tenir dans ses bras un bébé jetant les hauts cris, il ne trouva rien de mieux pour le calmer que de se mettre à courir, d'abord dans la chambre, puis autour du jardin.

Or à cette époque je n'étais pas amateur de courses. Je voyais du danger imminent dans tout *tempo* accéléré, dans tout mouvement intempestif.

Quoique mes poumons fussent d'excellente composition, en ce moment je n'en trouvai pas l'usage: peut-être à cause de ma rage concentrée, probablement aussi à cause du déplacement d'air trop violent.

Intérieurement j'étais horriblement furieux.

Enfin, quand je fus devenu tout bleu, Henkes me rendit à ma mère, en l'assurant que j'étais un délicieux enfant et que je n'avais pas eu la moindre peur. Quant à moi je fis le serment solennel de me venger le jour où j'en aurais le pouvoir.

L'heure de la vengeance a sonné.

L'homme en question, qui commença à peindre quand je commençai à vivre (1864), n'avait jamais cru sans doute qu'un jour il serait livré pieds et poings liés à la merci de ce même enfant hurleur et bleu.

Je prends ma revanche.

A mon tour de sauter et de courir avec M. Henkes, qui devra se laisser faire; j'irai le cueillir dans son berceau et je me précipiterai avec lui à travers toutes les périodes de sa vie.

Qu'il crie, qu'il se débatte, qu'il proteste, il faut qu'il vienne: il n'y a rien à faire!

Et finalement, lorsqu'il aura été horriblement vexé par cet article, il lui faudra encore entendre ce compliment: qu'il est un délicieux bonhomme et qu'il n'a pas montré plus d'impatience qu'un mouton.

Je lui mettrai même sous le nez la dernière épreuve de mon article.

L'école de tricot, d'après un tableau appartenant à M. H. Mesdag.

Henkes est un petit homme, aux manières et aux dehors affables, avec quelques chose de nerveux dans les allures; tout à fait l'antithèse de son œuvre si ferme et si solide où il n'y a absolument rien de fébrile.

Dans sa façon d'être et de parler il se rapproche un peu de Gabriel, notamment lorsqu'il discute à propos d'art.

Il lui arrive de s'emporter, de taper du poing, de trépigner des pieds, lorsqu'il ne trouve pas assez de mots pour exprimer son sentiment.

Il défend chaleureusement son œuvre, car il est assez impartial pour se rendre

compte de ce que les autres y trouvent à reprendre. Il s'est toujours formelle-
ment proposé comme objectif d'exprimer le caractère, et de serrer la vérité
d'aussi près que possible.

Ce souci exclusif et opiniâtre n'a pas été sans nuire en une certaine mesure
au coloris et à la tonalité de ses tableaux.

Il le sait lui-même: c'est donc qu'il a voulu ce qu'on lui reproche.

Il a la conviction que le dessin passe avant la couleur et le ton, et il n'en
démord point.

Aventures de chasse, d'après un tableau.

L'artiste cherche, mais ne trouve jamais; du moins il ne trouve jamais ce
qui *le* satisferait; le public a beau raffoler de l'œuvre et en dire: „Comme c'est
bien cela! comme ça y est!"; à ses propres yeux l'artiste est demeuré en deçà
du but; dès qu'il est entièrement satisfait de son œuvre, il cesse d'être artiste.

Ces recherches se poursuivent naturellement en diverses directions; l'un
sacrifie le dessin à la couleur, l'autre la couleur au dessin.

Aussi longtemps qu'on n'est pas arrivé dans le métier à une maîtrise telle
que la préoccupation du caractère ne souffre point du souci de la couleur et du

„Les Savants"

D'APRÈS UN TABLEAU.

A SUPPRIMER

ton, on ne pourrait reprocher à un artiste consciencieux de verser parfois dans un de ces extrêmes.

Et comme Henkes, tout en rendant hommage à ce qui se produit de bien dans une tendance opposée à la sienne, ne dévie pas un instant de la voie qu'il s'est tracée et qu'il croit la vraie, on ne peut contester son caractère et la probité de son œuvre.

Henkes bâtit — c'est le mot — son œuvre avec la plus rigoureuse minutie.

Fabrique de faïence, d'après une étude à l'aquarelle.

Avant qu'il l'ait exécutée elle existe déjà nette et précise dans sa tête, achevée jusqu'au dernier trait de pinceau. Si après s'être appliqué et évertué sans cesse, l'œuvre ne répond point à ce qu'il s'était proposé, il ne faut point attribuer cet échec à la conception mais à l'exécution: à l'impuissance pour Henkes de réaliser ce qu'il avait dans la tête.

Et il s'empresse de retourner la toile dans un coin.

Quitte à la reprendre des mois après et à y travailler avec la même opiniâtreté.

Mais les mêmes difficultés se présentent de nouveau. Moins consciencieux l'artiste aurait vite fait, au moyen d'un léger accommodement avec sa probité, de tourner les obstacles et de rendre, avec un peu d'habileté, ce tableau très présentable et très attrayant.

Mais Henkes s'en tient rigoureusement à son plan, et il ne lâchera pas un tableau avant de le trouver conforme à ses intentions.

* * *

On peut penser ce qu'on veut de l'œuvre de Henkes: un mérite qu'on ne pourra contester à cet œuvre c'est d'être très personnel et marqué à un cachet éminemment original.

Un tableau de Henkes se reconnait d'emblée entre mille autres. Cette œuvre est le fruit d'une lutte continuelle et acharnée pour assurer une forme solide à ce que l'artiste a conçu et à ce qu'il tient pour caractéristique, impérieux et indispensable.

De préférence il peindra les petites vieilles, les commères bourgeoises, qui, rapprochées autour d'une tasse de café, se confient de compromettants secrets; il est l'historiographe familier des vieilles filles qui écorchent à coups de langue la réputation de leurs meilleures amies:

„Ce que vous me dites-là, ma chère? Vous l'auriez vu?"

„Vu de mes propres yeux, ma chère, comment aurais-je pu le croire sans cela?"

„Quelle affaire! En voilà du propre! Bonté du ciel!'

„Jamais on n'a entendu rien de pareil! Et Dieu qui tolère ces choses. Il est vrai qu'on aurait peine à se les imaginer! Encore une tasse?"

„S'il vous plait... Puis-je vous demander un peu de sucre?... Oui, oui, c'est tout un scandale; et qui est venu à éclater tout à coup...

„Oui, vous avez raison; dire que je me trouvais hier encore chez la sœur de sa femme, sans qu'il y fût question de rien. Mais la chose reste entre nous n'est ce pas? Motus!..."

„Cela va de soi. D'ailleurs, à vrai dire, vous me croirez si vous voulez; mais j'ai horreur de tous ces potins!... Ah! s'il me fallait dire tout ce que je sais, mais vous en savez tout aussi long que moi.... Le café est-il à votre goût, ainsi?... Ou le voudriez vous un peu plus fort?"

„Il est délicieux... Je le disais hier encore à Sidonie, c'est chez vous que l'on boit le meilleur café! Un peu de sucre?.. merci... Non, auriez-vous jamais prévu scandale semblable? Moi aussi j'ai horreur des méchants potins. Il faut laisser les gens pour ce qu'ils sont! A chacun ses affaires!... mais cela n'empêche; il y a des cas... Ceci dépasse les bornes... A propos je voudrais bien savoir, en confidence, ce que la demoiselle d'en face pense de tout cet esclandre?"

Et patati, et patata! comme on chante dans les *Dragons de Villars*.

Tous ses modèles il les emprunta à la vie de petite ville, à Delfshaven, où il apprit à les étudier dès son enfance.

Comme la plupart des notables d'une petite localité son père était membre du conseil communal et du conseil de fabrique, et connaissait ainsi plus ou moins intimement les figures marquées et bien particulières, que le fils immortaliserait par la suite.

Son tableau *Les Administrateurs*, dont nous donnons une reproduction, réunit quelques-uns de ces bons types.

Une ruelle, d'après un tableau.

C'est d'abord le président des fabriciens qui, le cou serré dans son carcan de toile, pénétré de son importance et qui en impose formidablement aux autres.

Autour de cette imposante et majestueuse autorité se groupent de bons petits vieux crédules et dociles en longues redingotes et munis de parapluies verts: des petits vieux qui ont si bien pris dans leur vie ménagère l'habitude d'un joug plus ou moins déguisé, qu'au dehors de chez eux ils s'en rapportent entièrement à la sagesse et à l'expérience de leur important supérieur.

La seule distraction qui soit accordée à ces fidèles „suiveurs" consiste en la longue pipe traditionnelle, qui ne les quitte d'ailleurs jamais, et qui ajoute encore si possible quelque chose de plus ingénu et de plus passivement honnête à leur visage placide et stagnant.

Coin de quartier paisible. d'après une étude à l'huile.

Quoique le public ne connaisse de Henkes que ces types de bedeaux, de marguilliers et de commères médisantes, il s'en faut qu'il se soit confiné dans ce monde.

On apprend à mieux connaître un peintre en un jour dans son atelier qu'en suivant une centaine d'expositions, et c'est ainsi qu'on admirera chez Henkes des vues de ville qu'on ne s'attendait pas à y rencontrer.

Nous en intercalons un échantillon dans le texte: un intimiste coin de bourgade.

À regarder de près ces spécimens d'un genre qui n'est pas celui que le peintre cultive d'ordinaire, on ne tarde pourtant point à découvrir une étroite parenté entre ces façades de maisons caractéristiques et les profils de ses bonnes gens. Les unes et les autres lui sont fournis par le même monde et, surtout, il les observe par les mêmes yeux et avec le même scrupule. Dans l'étude que nous reproduisons, le calme et le traintrain journalier de la petite ville sont magistralement rendus.

Quantité de dessins, entassés pour la plupart dans l'atelier du maître, livrent la preuve de ses études assidues et sérieuses sur ce terrain.

En parlant de son art nous ne pouvons passer sous silence ses remarquables intérieurs d'ateliers et de fabriques.

A son atelier, un petit tableau de ce genre est particulièrement réussi de ton et de dessin.

Comme, malheureusement, la reproduction n'en aurait pas suffisamment rendu la saveur, il a fallu l'omettre dans cette série; sinon il valait bien la peine d'être montré.

Pour moi c'est un des plus beaux Henkes que je connaisse; justement par ce que sans rien sacrifier au dessin il y règne un ton si chaud, une couleur si dorée.

Il s'agit de l'intérieur d'une fabrique de cire, au moment où les travailleurs sont en train de prendre leur repas de midi.

Le peintre est de nouveau parvenu à nous montrer ici une couple de vieux bonshommes, occupés à mâcher leurs tartines avec cette insouciance apathique, ce mouvement de fonction machinale que les vétérans du travail contractent en blanchissant au service des usiniers.

La lumière du soleil, un peu tempérée, pénètre en une coulée d'or à travers les carreaux peints; les figures d'avant plan sont éclairées en plein, la lumière va en s'étouffant jusque derrière une haute cuve où s'aperçoit encore, en bonne valeur, une petite figure d'ouvrier.

C'est une maîtresse-toile puisque l'artiste y a trouvé ce qu'il cherchait.

D'une lumière vibrante et allègre sont ses fabriques de faïence de Delft et ses chantiers de construction de chaloupes.

Ces intérieurs exercent d'autant plus d'attrait sur le peintre qu'ils lui offrent une difficulté à vaincre: notamment la délimitation des divers plans dont il s'agit de débrouiller la masse confuse et trouble.

La même difficulté se présente au même degré s'il se propose de dessiner ces chambres carrées et anguleuses avec leurs meubles antiques, droits et rigides: il s'agit de ne pas se heurter à ces lignes droites et monotones, et, pourtant de demeurer exact, de rendre fidèlement la disposition de ces intérieurs du bon vieux temps!

Mais aiguillonné précisément par ces difficultés, Henkes demeurera des jours, des mois, des ans, à tourmenter sa palette et sa toile; revenant sans cesse au tableau momentanément abandonné, opiniâtrement renfermé dans sa conception primitive, n'en démordant point, convaincu de cette vérité et érigeant même en dogme que toute conception est bonne, mais qu'il dépend de l'artiste d'en tirer quelque chose.

* *
*

En sa qualité d'homme public le héros de cette étude me pardonnera de toucher en peu de mots à sa vie privée, et, de son côté, le lecteur me fera grâce des dates et des millésimes, vu la répugnance insurmontable que j'éprouvai pour les chiffres, dès les bancs de l'école.

Ainsi on déduira approximativement l'année de sa naissance de son portrait si bien venu, son portrait par lui-même et qu'on appela l'autre jour *le Peintre et son modèle*.

Combien il est assis, en cordiale intimité, aux côtés de cette bonne petite vieille! On ne pourrait souhaiter portrait plus éloquent.

Henkes s'y exprime en même temps qu'il y synthétise tout son œuvre.

* *
*

Comme je l'ai fait entendre son berceau fut à Delfshaven. L'enfant grandit

Confidences, d'après une esquisse à l'huile.

pour la joie de ses parents. Mais un nuage vint ternir la radieuse félicité de ces braves gens: le jeune garçon montrait des penchants singuliers; on découvrit qu'une certaine habileté de dessin, innée chez lui, menaçait de tourner en une impérieuse vocation de peintre.

Cet effroyable symptôme qu'à cette époque les mamans et les papas (surtout les derniers) tenaient pour l'avant-coureur de la ruine complète d'un jeune homme, répandit la plus grande consternation dans la famille Henkes.

Ce n'était pas que son père ne fût libéral, mais devenir peintre: non, mon garçon, tout sauf cela! Mais, malheureux, sais-tu bien ce que c'est qu'un peintre?

Passe encore, si tu te proposais de peindre en amateur! Mais en faire ton état, ton gagne-pain!

Non, Gerke, lui disait son père, ce serait de l'aberration; cela ne va pas! et afin de lui extirper d'un seul coup cette idée de la tête, il le plaça tout simplement dans une étude de notaire.

Etude à la sépia.

Le jeune Gerke fit donc son entrée dans la société comme clerc de tabellion.

Au début son stage ne lui plaisait que tout juste; ouvrir et fermer des portes, faire les courses, porter des fardes, épousseter des dossiers, ne représente pas précisément un passe-temps des plus relevés, mais bientôt le saute-ruisseau apprit à envisager les choses sous un autre aspect.

Il constata qu'il existe peu d'endroits au monde, où défilent plus de types curieux que dans une étude de notaire de petite ville, et que jamais, comme artiste et observateur, il n'aurait pu être mieux servi.

Ayant envisagé les choses à ce point de vue, il en tira tout le parti possible; il ne faisait que dessiner le jour durant et il lui arriva même de gâter une feuille de papier timbré en la revêtant d'un croquis de vieille cliente attendant dans l'antichambre.

Toute la clientèle du notaire finit par y passer; les uns sur toile, les autres sur papier.

Comme ces extravagances artistiques commençaient à devenir compromettantes pour le notariat, son père finit par consentir à ce que le jeune homme suivît sa vocation, et c'est ainsi que nous le voyons à un moment donné entrer comme élève chez Spoel à Rotterdam.

De là il se rendit à l'académie d'Anvers, puis en Allemagne. Il garde encore dans son atelier quelques importantes études de cette dernière période.

Pour finir il passa quelque temps à Paris. On chercherait vainement à découvrir dans les essais de ces années d'application quelque trace de romanesque ou de comique.

Henkes a toujours été trop sérieux et trop absorbé par son œuvre, pour ne songer, ne fut-ce que durant un moment de sa vie, à son futur biographe; et c'est vraiment là une impardonnable négligence de sa part.

Comme homme notoire ou du moins comme individu ayant quelque chance de le devenir, on est tenu de contracter une habitude excentrique, bizarre, un tic, ou de faire un geste de nature à ébahir le commun des mortels.

C'est là tout simplement une politesse envers le public qui désire entendre raconter autre chose de ses grands hommes, que ce qui est arrivé à tout le monde.

Henkes, malheureusement, n'a pas eu ces égards pour le public, et par amour pour la vérité nous nous voyons donc obligés de glisser, avec un soupir, sur ces époques peu accidentées, et à aller rejoindre notre héros à la Haye, dans sa demeure de l'avenue de Meerdervoort.

Mais d'après son propre dire, il ne savait encore rien en ce moment.

Il avait appris à dessiner, à voir, il avait acquis du métier mais il n'aurait su comment composer un tableau.

Toutefois, cette impuissance ne dura point, car peu de temps après qu'il se fut fixé à La Haye il obtint un succès décisif à l'Exposition de Paris et plus tard aussi à Bruxelles, avec son tableau *l'École de Tricot*.

Ce tableau fut apprécié d'une façon fort flatteuse dans les journaux belges et français, et il fut acheté par Mme Mesdag dont il orne encore aujourd'hui la collection si estimée.

Par ce tableau Henkes attira l'attention sur lui, et depuis ce moment sa popularité s'accrut de jour en jour.

* *
*

Ouvriers faïenciers, d'après une étude à l'aquarelle.

On serait tenté de croire que l'avenue de Meerdervoort est un quartier fort paisible, (et surtout il y a quelques années) et pourtant notre peintre paraît l'avoir trouvé trop agité.

Ou plutôt c'était la vie à la ville qui lui pesait.

Le jour il a coutume de travailler paisiblement et sans être dérangé dans son atelier, et le soir il aspire au calme affectueux de son foyer.

Or, je reconnais qu'on ne peut toujours trouver cette vie idéale à La Haye, à moins de paraître impoli à l'égard de ses connaissances, ou même de passer pour un ours.

Quelqu'un qui aurait la témérité de déclarer n'avoir pas mis de tout l'été le pied au „Kurhaus" serait biffé de la liste des gens cultivés. Ne point faire partie de la „Tent", le club fashionable de là-bas, c'est donner lieu aux suppositions les plus injurieuses sur votre degré d'éducation et d'honorabilité!

Ajoutez à cela, les soirées, l'opéra, la comédie, les concerts, les séances à *Pulchri*, les diners: bref, de quoi ne plus vous laissez un moment pour le recueillement et la préparation au travail.

Et c'est que le jour même Henkes ne trouvait pas la tranquillité.

Les amis, les confrères (et il n'en manque pas à La Haye) le relançaient constamment.

L'un ne fait qu'entrer et sortir, l'autre prend racine, celui-ci vous parle de Pierre, celui-là de Paul, on blague, on discute, et le résultat est néant.

Un amusant échantillon de ces matinées perdues nous est fourni par cette sténographie d'une visite de Mauve à l'atelier de Henkes:

Un marguillier, d'après une étude à l'huile.

— Dites donc, Henkes, c'est une bonne chose que vous avez là, c'est vraiment bien, ma parole!

C'est votre avis... Tant mieux, ça me fait plaisir.

— Oui, c'est même une très bonne chose, mais.... Tenez donc, ici, je renforcerais un peu le ton, vous comprenez.... Et, là, au contraire, je l'amortirais.... Le tableau y gagnera. Vous verrez. Et ensuite.... Vous ne le prenez pas de mauvais part hein?.... Je supprimerais cette figure là, et....

— Mais Mauve, cela....

— Psst! Laissez-moi dire.... Ici, plus de discrétion, et là plus de couleur. Vous ne trouvez pas?

— Mais alors ça deviendrait un Mauve, ce ne serait plus un Henkes.

Mauve se retourne, prend son chapeau et se retire en maugréant:

— Une pochade, que tout votre tableau!.... Bien le bonjour!

Lors d'une visite à l'atelier, Israëls aussi fut amené à lui faire l'une ou l'autre objection. Cette partie plaisait moins au visiteur que l'autre. Il s'agissait d'une étude de ruelle déserte et silencieuse.

— Il faudrait y mettre quelque chose, Henkes; une figure, ici: ça ferait bien mieux.

— Mais c'est justement ce qui me gâterait mon idée. J'ai voulu ce calme, cette solitude. Toute figure serait de trop! répond Henkes sur ce ton un peu tranchant qu'il prend parfois, et qu'il souligne d'un impatient haussement d'épaules.

— Possible! mais ce n'est point.... mais, là, point du tout ce que je voudrais.... reprend Israëls.

Pilier d'église, d'après une étude à l'huile.

— Et pourtant à mon avis je trouve la chose bien telle qu'elle est. Elle exprime ce que j'ai voulu dire.

Henkes refuse de céder et Israëls finit par dire:

— S'il en est ainsi, mon garçon, je me sauve.... Il n'y a pas moyen de causer avec toi. Pourtant il y a une justice à te rendre: tu es un homme de tête et carré par la base: tu ne te rends jamais....

Dans cet entêtement, dans cette opiniâtreté consiste surtout le caractère de l'artiste, comme son mérite principal est de viser à la perfection sans se laisser rebuter par un travail acharné et souvent ingrat

* *
*

Nous avon un peu déraillé, mais c'est généralement le cas en compagnie d'artistes.

Donc, Henkes ne trouvait pas la vie à la Haye assez tranquille et afin de s'assurer cette tranquillité il se transporta avec son ménage à Voorburg, où il demeure encore aujourd'-hui, mais où il n'a pu encore s'assurer tout le calme auquel il aspirait.

Toutefois la vie y est plus casanière qu'à La Haye et Henkes peut-il se livrer, sans être importuné, au travail dans son adorable maison de style ancien et qui se prêtait si merveilleusement à devenir le home d'un artiste.

Par un vieil escalier de chêne, et une sorte d'antichambre, de palier où la lumière se répand par des vitraux de couleur, on pénètre dans l'atelier du maitre.

Atelier très simple; orné de quelques pièces curieuses rapportées par l'artiste de ses voyages ou de ses „fouilles" chez les antiquaires.

Un pan de Gobelin, un large dressoir chargé de vieilles faïences, ça et là une étude accrochée à la paroi.

Derrière est un compartiment mystérieux et sombre, séparé par un épais rideau;

Chez le charpentier de navires, d'après une aquarelle.

un retrait que le peintre appelle son capharnaüm et où il dissimule tout ce qu'il ne veut pas montrer au premier-venu.

Près de la fenêtre par laquelle pénètre la pleine lumière, une table recouverte de vieux bouquins, au tapis vert et usé, un encrier en étain, un sablier, tous accessoires pour natures-mortes qui ont figuré plus d'une fois dans ses tableaux.

Au plus vif de l'éclairage, campé devant son chevalet, Henkes a l'air de faire partie lui-même de ces graves et pourtant cordiales ambiances.

* *
*

Comme on a pu le voir par ce qui précède, la vie de Henkes n'a guère été accidentée et de cette façon il m'a empêché de me livrer avec lui à la course étendue et périlleuse dont je parlais en commençant, mais il me faut avouer aussi qu'en écrivant ces lignes ma rage vindicative, ma soif de représailles s'est calmée, et que j'ai même éprouvé, quelque plaisir à renouer connaissance avec le bourreau de mes jeunes années.

Et lorsque jadis parlant à ma mère, il s'exprima mensongèrement sur mon compte en ces termes: „C'est un charmant petit homme!" il ne se doutait sans doute pas qu'un jour viendrait où le bambin s'exprimerait de la même façon sur son compte, devant le public, et cela, avec beaucoup plus de raison.

W. C. NAKKEN

PAR

P. A. HAAXMAN J^R.

Chevaux dételés au marché de Trouville, d'après un tableau appartenant à S. M. la Reine-Mère.

W. C. NAKKEN.

Notre éminent paysagiste Gabriël — dont l'œuvre robuste ne nous ferait jamais croire qu'il célèbra le 5 juillet 1898, son jubilé de 70 ans — me raconta un jour sur le ton pittoresque qui lui est particulier, que l'on se trompait grossièrement en s'imaginant que chaque paysagiste voit le vert des prairies sous une autre nuance.

— Et pourtant, lui objectai-je, le vert pâle de Van Borselen est tout autre que le vert de Stortenbeker, Roelofs ou Bakhuijzen!

— Dites plutôt que l'aspect des prairies diffère de contrée en contrée; et non seulement l'aspect des pâturages mais même celui des vaches; oui, celle-ci sont bâties autrement, que leurs voisines; je dirai même que les hommes ont emprunté quelque chose au caractère du sol sur lequel ils sont nés et ont été élevés. C'est tellement vrai, qu'à l'époque où j'habitais Bruxelles avec Roelofs et où nous profitions de la belle saison pour aller faire des études en Hollande, Roelofs, lorsqu'il rentrait de vacances, n'avait pas besoin de me dire où il avait été. Ses études me l'apprenaient d'elles-mêmes, et je lui citai un par un les coins de notre patrie où il avait fait des études d'après le paysage et les habitants.

De là aussi la grande diversité dans l'œuvre de quelques paysagistes, qui peignent tous les sites de notre pays, tandis que les tableaux des autres ne sont point exempts d'une certaine monotonie.

Lorsque je fus invité par les éditeurs de cet ouvrage, à vous entretenir de Willem Charles Nakken, je me rappelai cette conversation avec Gabriël. Notre ami Nakken — permettez moi de l'appeler notre ami, car à part Eerelman, il n'est point d'artiste néerlandais plus populaire parmi les habitués de nos Expositions et de nos cercles d'art — possède quelque chose de tout particulier dans sa facture, et notamment dans sa couleur, et lui seul s'entend à doubler d'une façon éminemment artistique, le cap de la monotonie, en variant ses sujets à l'infini. On pourra rarement reprocher à Nakken de peindre plusieurs fois le même site quelque attrayant que soit celui-ci. Naturellement, quelqu'un qui a fait quinze fois le voyage de la Normandie — pas pour son plaisir, oh que non! mais pour y travailler rudement et *con amore* — qui a fait de nombreux voyages d'études dans le Limbourg, cette Normandie hollandaise; qui, au surplus. a visité jusqu'au plus petit recoin de notre si intéressant pays; quelqu'un, dis-je, de ce genre, n'a pas assez de toute sa vie pour transporter toutes ses impressions sur la toile. Si Nakken voulait exposer toutes ses études ou s'en entourer continuellement, il lui faudrait louer un atelier présentant une paroi de l'étendue de celle du Palais des Sciences et des Arts à La Haye. En attendant il conserve la série de ses précieux panneautins dans des caisses, véritables écrins appropriés à cet usage. et quant à ses jolis dessins au crayon, au pastel ou à la sépia, il les tient renfermés dans une quantité de portefeuilles. Ils remontent déjà à bien loin ses débuts sur la route glissante où l'on voit l'artiste croître et se développer. On ne voit que peu de chevaux sur ces premières épreuves, en revanche elles abondent en paysages avec vaches, auxquels Nakken se consacrait assidument de 1851 à 1855. C'est à cette

Grange près d'Auvers, d'après un dessin.

sérieuse étude d'après nature qu'il devra d'être devenu un excellent paysagiste. Sans donte Nakken acquit sa grande réputation après ses voyages en Normandie et dans le Limbourg, lorsqu'il commença à peindre ses chevaux massifs et râblus, à la robe luisante; mais en isolant ces chevaux de ses œuvres, il resterait encore de très beaux paysages. Ce furent avant tout ses études dans notre pays qui lui formèrent l'œil et la main et qui lui développèrent le goût. Dans ses premièrs assais de dessin le jeune Nakken s'attaque à des études développées d'après des ruines de chateaux et des corridors de couvents, en grande partie disparus aujourd'hui, et qui illustreraient admirablement une histoire de nos vieux monuments. Aux expositions d'art architectural organisées il y a une couple d'années à „Pulchri Studio" par M. C. H. Peters, architecte de l'Etat, le visiteur aura remarqué plus d'une page de Nakken, qui, avec les esquisses pittoresques de Bosboom, De Haas, Henkes, Klinkenberg et J. G. Smits, éclataient comme une note joyeuse et riante sur la généralité un peu austère et rigide des dessins architectoniques proprement dits. A l'âge de 18 ans, Nakken dessinait déjà d'après nature, au pastel ou à l'aquarelle, avec cette précision minutieuse qui n'omettait ni un brin d'herbe, ni une ramille de bois mort, ni une touffe de mousse. De cette époque est remarquable entr'autres un dessin en couleur d'une pêcherie avec vivier aux environs de Zwammerdam. Nakken, alors âgé de seize ans. était,

avec ses amis Jules Bakhuijzen et S. van Witsen, frais émoulu des bancs de
l'école et il recevait ses premières leçons de dessin du professeur A. F. Dona
à La Haye. Le besoin de peindre d'après nature était donc inné chez lui.
Il va de soi que l'étude d'après ce coin pittoresque à Zwammerdam, trahit
l'inexpérience, mais elle révèle aussi une naïve franchise, un vouloir sérieux et
persévérant dont Nakken fera preuve dans toute son œuvre ultérieure. C'est
aussi de cette époque que date un dessin très poussé d'une *saunerie* dans les
polders de la mer d'Haarlem où chaque chaume des toits rustiques, chaque
paillette de lumière est fidèlement reportée sur le papier. En feuilletant ainsi
ces vieux albums je tombai sur de très curieuses planches des ruines de
Brederode et Eik-en-Duinen, du château de Doornenburg (Betuwe) et d'Ocken-

Écurie près de Paris, d'après une étude à la sépia.

burg, de la porte de Wiemel à Nimègue, aujourd'hui démolie; du vieux cloître
à Utrecht, d'une vieille masure à Rijswijk et de toute une série d'études d'après
les vestiges de la maison Ter Haer, qui ont fait place depuis à l'œuvre
architecturale du Dr. Cuijpers, le nouveau château de Haarsuylen: tous restes
vénérables d'un glorieux passé de l'architecture nationale, mais documents non
moins remarquables pour servir à l'histoire du consciencieux artiste Nakken.

La personnalité de Nakken aura aussi contribué dans une large mesure à
lui faire trouver son chemin avec assurance. Jamais il n'a sacrifié à la "pose"
ou à la réclame. Le "puffisme" répugnait à sa nature. Mais il a pratiqué
un autre art, celui de bien employer son temps. Il travaillait énormément;
toutefois il lui restait encore assez de loisirs pour s'occuper de sa chère société

"Pulchri Studio" qui le compte parmi ses membres fidèles et zélés. Dans son atelier on admire bien plus d'œuvres d'autres artistes que des siennes. De son ami Sadée, avec lequel Nakken fit en 1857 son premier voyage d'études à Anvers et à Bruxelles, on admire une plage avec des figures très ressenties dans une tonalité d'un gris d'argent; vis-à-vis sont des chevaux savoureusement peints, des deux frères Verschuur; une tête d'homme crânement brossée, de S. van Witsen; un radieux tableau plein de puissance et de brio, de Bakhuijzen; une charmante nature morte de Mlle Kerling; des études de Koelman, de Vogel, la plage à Trouville de son ami, le peintre français Eugène Boudin, et d'autres encore, mais parmi ces œuvres de ses amis on remarque quelques études importantes du maître. Ainsi, près de la cheminée, remontant à plus de 30 ans, ce sont des bribes de ce paysage si pittoresque des environs d'autrefois

de La Haye, des études de sol et de ciel, d'un achevé, d'une mâturité coloriste admirables. Les vieux habitants de la Haye, désireux de se retremper dans les souvenirs de leur jeunesse, ne pourront mieux faire que de visiter l'atelier Nakken pour y retrouver les jolis écarts de la campagne suburbaine d'autrefois, convertis aujourd'hui en d'interminables files de maisons.

D'après un croquis au crayon.

* *
*

Le lecteur apprendra sans doute avec plaisir quelques particularités de la vie de Nakken, qui contribueront à le lui rendre encore plus estimable comme artiste.

Nakken est né à la Haye, le 2 Avril 1835. Il fait, ou plutôt ses parents font une heureuse exception à la règle d'après laquelle les artistes de son temps étaient invariablement contrariés dans leur vocation par des parents de nature prosaïque. Nakken ne rencontra aucune opposition de la part de ses père et mère. Le jeune Nakken put dessiner et étudier tout à sa guise, et il s'empressa aussi de faire le plus profitable usage de cette latitude. A l'académie de la Haye où l'on était stylé et „entraîné", comme de véritables recrues en ce qui concernait le dessin d'après le nu et l'anatomie, il remporta ses premières distinctions sous forme de médailles, entr'autres en 1858 la plus grande distinction pour l'anatomie et la peinture d'après le modèle nu. Il n'est pas étonnant que les figures de Nakken soient si justes de proportions et si bien campées dans le paysage. A cette époque les jeunes gens n'étaient pas aussi pressés qu'aujourd'hui de bâcler des tableautins et de se faire recevoir aux Expositions. Les études académiques alternaient avec des excursions dans le pays et à l'étranger où la nature était le principal professeur, et où le jeune artiste s'initiait aux premiers éléments de la peinture de plein air, d'abord avec

le crayon ou le pastel, puis avec les pinceaux. Les jeunes peintres hollandais
de cette époque étaient tout aussi bon „plein-airistes" que ceux de l'école qui fit
tant de bruit par la suite et qui s'attribuèrent le monopole d'une chose qu'ils
étaient loin d'avoir inventée. Nakken fit sa première tournée artistique à
l'étranger, en compagnie de son ami de l'académie, Philippe Sadée qui était
aussi un virtuose du dessin. Nakken fit des études à Anvers et autour de la
ville de Rubens; les étés suivants il visita les Ardennes Belges souvent en
compagnie de ses seuls outils de travail, mais d'autres fois avec ses confrères
J. B. Tom, De Bloeme et Van Borselen. Sur les conseils du bon mariniste
W. A. van Deventer, qui s'était rendu à Etretat en 1852, Nakken visita la

Vieux coin de village à Rijswijck (Zuid-Holland) d'après une étude à la sépia.

Normandie pour la première fois en 1867. Ce premier voyage de reconnaissance ou d'exploration ne fut pas précisément des plus rapides. En véritable
peintre, pour se rendre à destination, il avait choisi la traversée par mer de
Rotterdam au Havre. Il se rendit de cette façon les autres fois aussi en
Normandie. Parti à la belle saison, soit vers la mi-juillet, dès le début du
voyage on fut surpris par une violente tempête qui se prolongea tellement
que dans l'intérêt de sa sécurité comme aussi de celle de son équipage, le
capitaine se vit contraint d'aborder à Goerée où l'on mouilla si longtemps que
les provisions vinrent à manquer et qu'une partie des hommes fut envoyée à
la côte pour aller aux ravitaillements. Heureusement Goerée était déjà habité
à cette époque. Après six jours seulement on arriva au Havre; mais entretemps

Nakken s'était amusé à faire des portraits très ressemblants du capitaine, du timonnier, du lamaneur et du premier matelot. Durant de longues années ces portraits ont fait l'ornement de la cabine du paquebot de Rotterdam au Havre, sur lequel Nakken était toujours le bienvenu.

Après quelque temps il connut la Normandie aussi bien que sa propre patrie, et il y noua de nombreuses amitiés dans les villes ou bourgades cordiales et hospitalières du Calvados, de la Seine Inférieure et de l'Eure. Les tableaux qui firent sensation dans les expositions de 1870 à 1880 et qui trouvèrent toujours des amateurs prouvent avec quelle conscience il avait étudié le pays et les gens. Le sérieux du travail de Nakken ressort surtout à mes yeux des études à l'huile qu'il

Écurie d'après une étude.

a conservées, dans son atelier, de ses voyages en Normandie. Dans les marchés et chez les maquignons de Chartres il étudia les robustes boulonnais et percherons avec leur belle robe luisante, leurs formes bien pleines, mais il peignit en même temps le paysage par les yeux et la sensibilité d'assimilation d'un paysagiste hollandais de la bonne école. Parmi ces études il s'en trouve de si admirables de couleur et d'harmonie, qu'un paysagiste français de premier ordre ne parviendrait pas à en peindre de plus ferventes pour célébrer son propre pays. Je me rappelle entr'autres un panneau où est rendue, à touches, larges et crânes, l'impression d'une cohue de marché dans les environs de Chartres. Les marchands dans leur accoutrement coloré, l'ensoleillement de cette chaude journée de juillet, la vie et le tapage de cette scène haute en couleur composent un petit chef-d'œuvre de sentiment et de technique. Une autre étude nous montre une ferme avec grange ou auvent sous lequel les chevaux et les ânes ont trouvé un abri avec leurs véhicules bariolés. Le soleil aveuglant du dehors et les ombres fraiches dans la grange sont d'une observation très délicate et très sentie.

Charette de paysan normand, d'après un dessin au crayon.

D'autres études me reviennent encore à la mémoire: les alluvions ou les prèssalés de Harfleur; le marché aux chevaux à Saint-Gilles près de Pont-Audemer, un vrai marché de l'ancien temps, où l'on vend de tout, depuis des vêtements

et des souliers jusqu'à des denrées alimentaires; où le barbier forain voisine
avec une rôtisserie ambulante; puis encore une série d'études pour des peintures
plus récentes, par exemple pour les bois de Saint-Gatien avec leurs chevaux
attelés à des traits de bois; et enfin ses attelages les jours de marché à Beuzeville, Trouville, Tancarville, Harfleur, Bayeux, Ryes et d'autres endroits dans
les plaines de Normandie; ses croquis de la rentrée des foins et ses innombrables études de types de paysans normands en leur original costume.

A la longue Nakken se familiarisa à tel point avec cette intéressante contrée et
ses habitants que, sur les conseils du paysagiste César de Cock, il commençait
ses dessins et tableaux d'après nature pour les achever dans son atelier.
Beaucoup de ses aquarelles ont aussi été exécutées en Normandie.

Parmi les artistes français qu'il eut l'occasion de rencontrer dans cette sédui-

A Honfleur. dessin au pastel.

sante Normandie, il se lia surtout avec Eugène Boudin qui a peint d'une touche
si nerveuse les ports de France et de Hollande. Nakken n'était d'ailleurs pas
le seul Hollandais qui se fût attaché à l'étude de la noble race chevaline normande. Il fit deux fois le voyage avec le jeune Verschuur. Nakken rencontra
aussi plus d'une aventure en cette belle province, surtout lors de ses premiers
voyages, quand le peintre hollandais n'y était pas encore connu. Peu après
la guerre (1871) il arriva, qu'étant en train de peindre activement dans les
environs d'une ferme normande, les naturels le regardaient de travers croyant
avoir affaire à un espion prussien. Peu de temps auparavant un officier
allemand s'étant avisé de se montrer dans ces parages n'avait dû qu'à la vitesse
de son cheval de ne pas été écharpé par les paysans accourus de tous les

côtés armés de fourches et de faux. Or le hasard voulait que notre Nakken
ressemblât beaucoup à cet officier. Il fallut l'intervention du maire pour calmer
les ombrageux villageois; et le passe-port, puis, surtout, l'affabilité du Hollandais
firent le reste.

C'est je crois à Beuzeville (Eure) que cette aventure lui arriva. A cette
époque, m'a-t-il raconté, une famille française des environs de Paris qui s'était
réfugiée de ce côté, fut arrêtée par les rustres et conduite à la gendarmerie,
sous de graves présomptions. Or, ces personnes n'avaient fait qu'examiner
longuement sous toutes ses faces une ferme devant laquelle ils passaient.

Au demeurant c'était une simple et bonne pâte de gens que celle avec
laquelle Nakken frayait durant ses
voyages d'études. Un jour, tandis
qu'il faisait à la porte d'une auberge
près d'Honfleur, une étude d'après
un cheval harassé attelé à une
charette, il engagea la conversation
avec une vieille paysanne, qui après
avoir examiné d'un air fort intrigué
cet original accordant tant d'attention à une haridelle usée, hocha
la tête et lui dit sur un ton cordialement protecteur: „Mon Dieu,
Mon Dieu, ce qu'il faut faire pour
gagner sa vie!"

Ce n'est pas seulement la Normandie, c'est aussi le Limbourg
qui aura fait la réputation de Nakken
comme peintre de chevaux et paysagiste. Les deux contrées présentent des traits de ressemblance,
non seulement en ce qui concerne
les labours et les attelages, mais
même dans la physionomie et

Le peintre, au travail. à Houthem (Limbourg),
d'après un instantané.

l'allure des habitants. Nakken n'y négligea ni une ferme pittoresque, ni
une foire, ni une rentrée de moissons. Il a fait des trouvailles, particulièrement dans le caractéristique petit village de Kan, près de Maastricht, qu'il
découvrit en 1856. Naturellement il avait visité dès l'âge de 24 ans, Oosterbeek, alors l'eldorado des peintres. Il visita aussi à plusieurs reprises Ame-
rongen et Renkum; fit maintes études à Calmpthout, Aarle-Rikstel et à
Dinant, le site enchanteur par excellence. Mais de retour à La Haye, en
s'arrêtant à Rijswijk, il constata qu'il ne fallait pas toujours s'éloigner de ses
pénates pour tomber sur une mine d'or artistique. Je vous rapporte toutes ces
pérégrinations, uniquement afin de démontrer ce que je disais plus haut: c'est-

A SUPPRIMER

à-dire que Nakken sut trouver l'emploi de son temps. Où qu'il se rendît il rencontrait des objets dignes de ses pinceaux et il en tirait un excellent parti. Le caractère artistique de Nakken est un singulier mélange d'assurance et de réserve. On s'en aperçoit surtout lorsqu'il lui arrive de devoir donner un avis sur ses confrères. Il ne s'y résigne que malgré lui, mais alors il appuie son appréciation sur des arguments très réfléchis. Je me souviens de l'avoir rencontré dans une de ces expositions où les médiocrités prétentieuses de tout genre s'étalent complaisamment à la rampe: ce n'étaient que barbouillages aux contours vagues, figures de femmes anémiées, paysages lunaires, bric-à-brac symbolistes dont les auteurs n'auraient pas mieux su dire la signification que

Charrue au repos sous les pommiers (Normandie), propriété de M. C. C. Dutilh à Rotterdam.
D'après l'esquisse du tableau acheté par S. M. la reine Emma à l'exposition de 1897,
d'œuvres des membres de *Pulchri Studio.*

le pauvre public lui-même. Enfin je rencontrai Nakken et je remarquai qu'à part lui il faisait les plus significatives grimaces. Naturellement je me disais: en voilà un dont la critique ne sera pas tendre. A mon grand étonnement lorsque je l'eus abordé, il me signala plus d'une chose méritante et même belle dans ces élucubrations. Ce fut une véritable leçon de critique qu'il me donna.

Nakken appartient encore à l'honnête époque où pour peindre il importait avant tout de connaître son métier. Après avoir profité d'un sérieux enseignement, après avoir „pioché" et „bloqué" ferme, d'abord en classe, ensuite devant la nature, tous ses contemporains, non dépourvus de moyens, ont fait leur chemin et quelques-uns sont même devenus des artistes célèbres. Lorsqu'à peine âgé de 20 ans, Nakken envoya son premier tableau *Sa charrue au repos* à l'exposition de Zwolle de 1855, il le vendit immédiatement à un particulier.

L'année suivante il obtint son second succès à l'exposition de Rotterdam, où il vendit un grand tableau, (le second), des chevaux à la mangeoire, — à M. S. B. Madry. Je cite ce nom parce que ce Mécène rotterdammois fut un des premiers qui s'intéressèrent à l'œuvre probe de Nakken. Il peignit ses premiers portraits de chevaux pour MM. P. Op den Hooff et Madry. Depuis, il fut chargé fréquemment par des amateurs de chevaux, de fixer sur la toile des exemplaires de choix de *la plus noble conquête de l'homme*, et même de représenter des équipages au complet. Dans la famille de feu messire Hugo Gevers on a conservé plusieurs portraits de chevaux et de chiens dus à Nakken. Un de ses premiers dessins fut fait d'après un chien de chasse de M. J. Visser, qui ne cessa d'être enchanté de ce portrait et qui commanda récemment encore un tableau à l'artiste. D'autres magnifiques portraits de chevaux et de chiens de race ainsi que des tableaux représentant d'irréprochables équipages faisaient partie de la succession de feu M. W. A. baron de Constant Rebeque.

La maison Goupil pour laquelle il exécuta de nombreux dessins et tableaux a aussi contribué au succès de Nakken. Les collectionneurs ne laissaient passer aucune exposition, sans acheter quelque chose à notre peintre. Ses premiers tableaux de Normandie datent de 1868 et 1869. Les deux années d'avant il avait remporté du succès avec des tableaux peints aux environs de Dinant, et envoyés aux expositions de Rotterdam et de Brême. Ses premiers „normands" parurent aux expositions triennales d'Amsterdam et de La Haye. Son premier *Labourage en Normandie* devint la propriété de feu M. Ravestein; le second, des chevaux et des paysans près d'un charriot qu'on charge de pierres extraites d'une carrière, enrichit la collection de feu M. Th. L. Gevers Deynoot. Après la mort de M. Gevers ce tableau fut acquis, avec d'autres, de la même succession, pour le musé Boymans. Dans la collection Teyler existe une grande aquarelle d'après ce tableau, provenant du portefeuille de la société *Pulchri*. A la même exposition de La Haye, en 1869, Nakken avait une paysanne normande revenant à cheval du marché, dans un paysage à l'embouchure de la Seine. Ce tableau trouva également „preneur" immédiat en la personne de M. Bingham d'Utrecht.

Une période très féconde commença alors pour Nakken. Ne rappelons ici que quelques-unes de ces œuvres les plus importantes. Je citerai d'abord *Sa carrière* près de Paris, exposée en 1871 à Arnhem et dont je vis une si belle étude en son atelier. L'année d'après Nakken reçut sa première distinction importante, la médaille d'or de la ville, à l'Exposition triennale de La Haye, pour son *Hotellerie au jour de marché à Beuzeville* (Eure). Acquis pour la tombola ce tableau devint plus tard la propriété du baron Schimmelpenninck van der Oye, commissaire de S. M. à Utrecht.

La médaille d'or, d'encouragement, instituée par le Roi Guillaume III, fut accordée en 1873 à l'Exposition *d'Arti et Amicitiae* à Nakken, pour son tableau capital *chevaux chargés de bois dans les bois de Saint-Gatien*, qui fait partie aujourd'hui d'une collection particulière à Wageningen. En ce charmant village de Saint-Gatien, situé dans le Calvados, à la lisière de bois épais,

Chevaux chargés de bois, à Saint-Gatien, d'après une aquarelle appartenant à M. P. J. Van der Burgh à La Haye.

Nakken a fait souvent séjour et il y a exécuté nombre d'études et de croquis d'après des chevaux pittoresques, qu'on charge de bois scié et fendu dans les bois, la configuration du terrain empêchant de charger ce bois sur des charriots. Un grand paysage d'hiver, »etoffé" de chevaux en train de broyer leur picotin près d'une hutte sous bois, avant de partir pour les chantiers où on les charge, fut couronné en 1876 à l'exposition internationale de Philadelphie, après avoir été acquis antérieurement à l'Exposition *d'Arti* par la commission chargée de fonder une exposition d'art moderne à Amsterdam. A la même exposition, aux Etats-Unis, Nakken avait un tableaux plus petit: *La confection des meules de foin en Normandie*, qui fut acheté par un amateur de Philadelphie.

Nakken plaça un grand nombre de ses tableaux en Angleterre, entr'autres,

Etalon normand. d'après un pastel.

en 1886, une toile considérable: *La foire aux chevaux de Saint-Gilles*, près de Pont-Audemer (Eure), exposé la même année à l'Exposition Internationale d'Edimbourg où il trouva amateur. Il avait déjà été couronné à Liège pour ses aquarelles. Son premier envoi au Salon de Paris, date de 1874. Son tableau représentant un char de moisson regagnant une ferme des environs de Honfleur, par un sentier ombreux, — y rencontra beaucoup de succès et fut acheté par M. Robert de Many. La même année 1874 un de ses pittoresque intérieurs. (une auberge un jour de marché) fut acquis par M. le baron P. J. Van Pallandt. L'année d'après, on admira de nouveau à la Haye, la *Fenaison dans les Environs de Honfleur*, qui devint la propriété de Mme Van Heeckeren van Kell.

Après avoir peint divers portraits de chevaux, de chiens et d'équipages pour M. le Baron Van Brienen van de Groote Lindt, ce grand seigneur lui commanda un *Taureau et deux vaches* couronnés à un concours de bestiaux. A Clingendaal, propriété de ce gentilhomme, Nakken avait déjà son *Déchargement d'un char à récoltes*, exposé en 1877.

C'est des années 1884 et 1885 que datent ses importantes toiles : *Carrière aux environs de Marseille* (Beaulieu) avec ses attelages et ses manouvriers, achetée par un amateur anglais ; la superbe composition : *Rentrée du dernier char à froment* dans une vieille ferme (à Kan près de Maestricht), appartenant à M. J. G. Everwijn à Utrecht, et le tableau si vivant et si animé *Un accident pendant la fenaison aux bords de la Seine*, couronné lors de l'Exposition du Sport à Schéveningue et qui fait partie de la collection de M. G. M. van der Kuylen à La Haye.

Les provisions d'hiver du garde forestier (Saint-Gatien-des-Bois, Calvados).

Lorsque en 1889 une exposition internationale des Beaux Arts fut organisée à Anvers pour célébrer le centenaire de la fondation de l'Académie de cette ville, une toile importante de Nakken, *En route pour le marché de Honfleur* — des paysans se disputant le passage avec leurs charrettes — y fit sensation et fut acquise par M. le bourgmestre de Brasschaet près d'Anvers, un grand amateur d'art. Voilà quelques dates de la si féconde vie artistique de Nakken. Je pourrais y ajourter bien d'autres encore, et énumérer longuement les distinctions qu'il décrocha tant dans son pays qu'à l'étranger, mais je me bornerai à mentionner deux acquisitions très flatteuses pour Nakken, faites par S. M. la reine mère, très portée pour l'œuvre de notre peintre. A l'exposition communale d'Arnhem, en 1893, S. M. la Reine Emma acheta pour en faire cadeau à sa fille, la Reine Wilhelmine, un tableau intitulé *Sur le champ de foires* et représentant un char à foins attelé de quatre chevaux en flèche, près d'un vaste pommier à l'ombre duquel se reposaient les faneurs. Deux ans après la reine Emma acheta encore à Nakken, lors d'une exposition d'œuvres des membres de *Pulchri*

Entrée d'une ferme dans le Limbourg méridional, d'après un tableau placé en Angleterre.

Studio (1895), un souvenir de Trouville, *une auberge un jour de marché* dont une reproduction accompagne cet essai. L'an dernier, un petit tableau *Charrue au repos* également exposé à *Pulchri*, devint aussi la propriété de la reine mère. Une reproduction de cette œuvre illustre aussi notre texte.

Foire aux chevaux en Normandie, d'après un tableau.

La place que Nakken occupe dans l'art Néerlandais, n'est pas celle d'un novateur on d'un artiste qui s'impose par sa puissance ou sa vigoureuse individualité. Le genre dans lequel il se spécialisa ne lui offrait d'ailleurs pas l'occasion de s'imposer par de très grandes créations, mais une grande partie de son bagage artistique passera tranquillement à la postérité, et cette postérité lui assignera un rang enviable parmi les travailleurs probes et consciencieux, qui ont apporté leur pierre au monument glorieux de la peinture hollandaise de la seconde partie du XIXe siècle.

PIERRE DE JOSSELIN DE JONG

PAR

P. A. HAAXMAN J^R.

S. M. la Reine-Mère, étude au fusain pour le portrait à l'huile.

PIERRE DE JOSSELIN DE JONG.

Il y a environ douze ans que *Pulchri Studio* donna un fastueux banquet en son local dit *l'Hofje van Nieuwkoop*. Les artistes de la Haye célébraient le 70ᵉ anniversaire du maître Bosboom, et l'enthousiasme, la cordialité qui régnèrent à cette occasion ne furent et ne seront jamais dépassés. La réussite de cette fête mémorable fut due particulièrement à l'élément jeune des organisateurs, notamment à De Josselin de Jong, Bauer, Van der Maarel. La haute salle à coupole, si réussie au point de vue architectural, présentait ce soir-là un aspect particulièrement hospitalier. A l'entrée un nègre superbe que sa raideur impassible faisait ressembler à une statue de bronze, dans un des coins une énorme nature morte représentant des fruits savoureux; aux parois des allégories et des inscriptions, réussies d'humour et d'à-propos; et dans ce décor, les artistes réunis en un banquet où régnait la plus franche cordialité. Et ce

Portrait de la mère de l'artiste.

que chacun des convives aura toujours présent à l'esprit est le moment où, un rideau étant tombé, apparut vis-à-vis du jubilaire un tableau de Bosboom, admirable de lumière, comme le grand maître a coutume de la faire rayonner dans ses intérieurs d'église. L'âme de ce merveilleux festin était le »commissaire" des fêtes de *Pulchri*, PIERRE DE JOSSELIN DE JONG, alors âgé de 25 ans.

Je le vois encore, lorsque Bosboom fut reconduit dans une voiture escortée
d'artistes porteurs de torches. Le jeune organisateur du cortège se trouvait
sur le siège de la voiture tenant lui-même une torche à la main.

Quelques années après, — pendant l'automne de 1893 — un cortège
fut aussi organisé, loin de la Résidence, dans le petit village brabançon,
St.-Oedenrode, près de Bosch. Le village entier avait été en fête ce jour là, en
l'honneur de son médecin, un robuste vieillard de 84 ans, que les paysans de
l'endroit avaient ovationné chaleureusement à l'occasion de ses 50 années de
pratique. Mais cette fête avait encore un autre héros dans la personne d'un
jeune homme, qui, né à Oedenrode et y ayant vécu jusque'à sa 16e année,
avait acquis depuis une brillante renommée rejaillissant sur son humble berceau.
La commission festive l'avait chargé de peindre le portrait du vieux médecin.
On lui avait écrit timidement qu'on ne pouvait mettre une somme considérable
à sa disposition, mais qu'on aurait été si heureux de voir le portrait exécuté
de sa main. Aucune œuvre ne fut exécutée par De Josselin De Jong avec
plus d'enthousiasme et de ferveur que ce portrait de son vieux docteur. Le
tableau ayant été terminé en huit jours, et le grand jour s'étant levé, durant
la matinée l'œuvre fut exposée publiquement dans une salle de l'école. Après
que tout le village fut venu l'y admirer, le portrait fut porté processionnelle-
ment, à l'heure fixée, chez le jubilaire. Tout ce que St.-Oedenrode compte de
„sociétés" fut requis pour la circonstance; la „gilde" des tireurs à l'arc, les
orphéons et les fanfares, des théories de garçons et de fillettes coquettement
nippés, bref toute le commune en habit de gala, avec, à la tête, la commission
organisatrice. Et le soir un nouveau et non moins brillant collège s'en vint donner
une sérénade au jubilaire et à son peintre.

Ces deux épisodes des années de jeunesse mais déjà des années de célébrité de
Josselin de Jong, caractérisent agréablement sa personnalité. A la fête de Bosboom
nous le voyons rendre hommage à un artiste qu'il admirait comme un géant.
Et dans cette glorification de son illustre contemporain on reconnaît en lui le
véritable artiste. Le hasard voulut qu'Israëls et lui furent chargés chacun de
faire le portrait d'un jubilaire de 70 ans: Israëls celui de Roelofs, et De Josselin
de Jong, celui de Stroebel. Et lorsque les deux portraits eurent été placés
dans le Musée communal de La Haye et que De Jong eut l'occasion de voir
celui de Roelofs, ce fut — pour nous servir de son expression naïve — comme
s'il avait reçu une gifle tant il se dégageait de force et d'expression du portrait
du vieux maître.

*
* *

Il résulte de la biographie de la plupart des artistes qu'ils furent le plus
souvent contrariés dans leur vocation par leurs parents et leur famille. Le
contraire arriva pour De Josselin de Jong; il a pu se livrer dès sa plus tendre
enfance et cela de tout cœur, à l'art du dessin, et on garde encore à l'école

communale de St.-Oedenrode, les dessins qu'il crayonna durant ses années
d'études primaires. Il ne se rappelle même aucune période de son existence,
durant laquelle il n'aurait point dessiné. Son père flatta son penchant dès son
bas âge et un jour le digne homme fit à son Pierre la surprise d'un tableau
noir de dimensions respectables, sur lequel le gamin s'exerça à représenter
tout ce qui attirait son attention, particulièrement des figures d'hommes et
d'animaux. Dès cette époque il était certain que l'enfant deviendrait peintre.
A l'âge de 16 ans Pierre fit déjà un grand portrait à l'huile de son père,
portrait d'un caractère si frappant que le peintre s'étonne encore aujourd'hui,
donc après 19 ans, d'avoir pu produire pareille œuvre à cette époque.

En ces temps-là, à l'Ecole Royale des Beaux Arts de Bois le Duc, où De

La requête, tableau du musée de Gand.

Kinderen fit aussi son éducation artistique, il profitait de l'excellent enseignement
de son maitre P. M. Slager, dont il devait être un des élèves les plus zélés
et les mieux doués, et qui lui aplanit la voie pour entrer à l'Académie d'Anvers.
Aussi a-t-il conservé une réelle vénération pour son premier professeur. Il y a
quelques années De Jong vint passer quelque temps à Den Bosch pour s'y
reposer d'un grand effort de travail. Mais ayant retrouvé son premier atelier,
il reprit machinalement ses outils de travail et ayant trouvé un champ tout
indiqué pour y exercer sa verve, en une vaste toile vierge il commença à
couvrir cette toile d'un cheval qui se cabrait. Le mouvement de cet animal

était d'un réalisme tellement saisissant, que bientôt l'une figure suivit l'autre sur la toile. La composition devint une furieuse *fantasia* d'Arabes se jetant sur un camp anglais. A la droite du cheval qui se cabre on voit un individu dégringoler avec une telle impétuosité de sa monture qu'il semble projeté violemment à travers l'espace. Ce tableau fantastique, d'où le feu sacré jaillit comme des étincelles d'un briquet, appartient à M. Slager qui ne manque

Portrait de Charles Rochussen, au musée Boymans à Rotterdam.

pas de le montrer avec admiration à tout visiteur de son atelier.

A Anvers où De Jong fit ses études en même temps que Bastert, Haverman, Dake et Herman, il remporta dès le premier hiver le prix d'excellence, ce qui témoignait du merveilleux enseignement qu'il avait reçu de M. Slager, mais aussi de l'énergie avec laquelle le jeune artiste avait étudié toutes les branches de son art. Il avait travaillé trois ans à Anvers lorsqu'il fut cruellement éprouvé par la mort de son père, notaire à St.-Oedenrode. Heureusement, il put poursuivre ses études grâce aux largesses du Roi et de la Reine des Pays-Bas qui lui accordèrent une bourse sur leur cassette particulière, ce qui lui permit de se rendre à Paris et d'y louer un atelier. Le fruit de ses solides études de Bois le Duc et d'Anvers devait évidemment mûrir à Paris, d'autant plus que son enthousiasme artistique, sa vaillance, son activité et sa rare énergie étaient de nature à lui faire surmonter toutes les difficultés. Le premier succès ne se fit pas attendre. Ce fut une véritable surprise pour le peintre. A Paris il avait achevé une composition importante, *la Requête,* dont une reproduction accompagne ce texte. Elle représente une scène de l'époque de

Etude pour l'aquarelle: Les dormeurs dans le train. Pastel.

l'Inquisition: une jeune femme vient implorer la grâce d'un de ses parents auprès de l'inquisiteur, qui parcourt la requête tandis qu'un moine lui souffle un conseil à l'oreille. Ce tableau, la première production un peu importante du jeune peintre, fut envoyé au salon triennal de Gand, en 1883, en attendant de l'exposer plus tard aussi en Hollande. Mais cette toile ne devait plus sortir de Belgique. Elle fit littéralement sensation à Gand, si bien que la commission l'acquit au prix demandé pour le musée de cette ville où elle figure encore aujourd'hui. Les journaux en firent grand éloge. En ce nouveau venu, De Josselin de Jong, on saluait un tempérament artistique et, en un article étendu, le critique de la *Flandre Libérale* analysait, dans le numéro du 2 septembre

A SUPPRIMER

1883, les grandes qualités du chef-d'œuvre de De Josselin de Jong. „Les
peintres d'histoire, était-il dit, ou à peu près, dans l'étude en question — surtout
ceux qui traitent l'époque de l'Inquisition, recourent généralement à un grand
luxe de bourreaux, d'instruments de torture, de gibets et de cachots; M. De
Josselin de Jong, à l'encontre de ses confrères, rend simplement trois types de
ces temps troublés: la victime, courbée sous la persécution, et implorant une
grâce; l'inquisiteur qui condamne; le moine qui instigue. L'expression suffit à
ce peintre, alors que d'autres recherchent leur effet conventionnel dans le luxe
des costumes, l'éclat des armes et le fracas d'une mise en scène théatrale"

On nous accordera que pour un jeune homme de 22 ans ce succès n'était
point banal. La Belgique n'était point sa patrie et la chaleur avec laquelle

Baignade de chevaux (Limbourg). Pastel.

on avait salué son talent en Flandre n'avait pas encore rencontré d'écho en
Hollande. Mais peu après qu'il se fut établi à La Haye, où il travaille
depuis quelque treize ans, le nom de De Josselin De Jong se répandit flatteu-
sement dans les cercles d'art. Mais aussi il s'était voué à l'art avec cet
enthousiasme presque sans égal. A l'exposition triennale de La Haye, en 1884,
il envoya en même temps un portrait grandeur nature du peintre animalier
P. Stortenbeker, un tableau considérable représentant Caïn fuyant dans le
désert après son fratricide. En Belgique, le tableau, où le remords, la peur,
la honte du criminel sont admirablement exprimés tant par la physionomie que
par le geste de l'attitude, aurait été infailliblement acheté pour un musée de
l'Etat. Mais en Hollande les musées demeurent fermés à ces créations hardies,

aussi arrive-t-il rarement qu'un artiste s'attaque à des compositions de cette envergure, certain qu'il est d'avance, qu'elles lui resteront pour compte.

Toutefois ce *Caïn* avait attiré l'attention sur De Jong. Il fut appelé à l'honneurs tout à fait inattendu de peindre le portrait grandeur nature de la jeune

Portrait de M. J. A. Vaillant, ancien président du Tribunal de Rotterdam.

Reine actuelle, alors âgée de cinq ans. Avec l'énergie qui le caractérise il s'attela à cette tâche délicate et il s'en acquitta à la complète satisfaction des augustes parents de la petite princesse. Celle-ci est représentée en pied, vêtue d'une courte robe en dentelles. Le peintre excella surtout à rendre l'expression aimable et sympathique ainsi que l'attitude naturelle et élégante de son gentil modèle.

Les portraits se succédèrent rapidement, presque tous grandeur nature et pris jusqu'aux genoux. Un des meilleurs de cette époque est celui d'un magistrat en robe, exposé à Amsterdam et qui obtint la médaille d'or. En 1887 De Jong décrocha cette distinction une seconde fois, dans la capitale, pour son superbe portrait de famille: des enfants en train de jouer dans un appartement luxueux; toile qui se recommandait par les belles oppositions de couleurs et les lignes très distinguées de la composition. La renommée de De Josselin De Jong comme portraitiste fut difinitivement établie et consacrée par son portrait d'une si touchante intimité de sa vénérée mère, reproduit dans ce texte; par celui de Charles Rochussen, et celui de M. Vaillant, président du tribunal de Rotterdam. Deux portraits du Musée Boymans prouvent à quel point il fait une étude approfondie du caractère des personnages qui posent devant lui: celui de Charles Rochus-

sen, le causeur spirituel et toujours éveillé, l'homme aimable s'il en fut, dont l'affabilité était devenue proverbiale parmi ses amis et admirateurs; et celui du magistrat consciencieux, du *vir integer*, du bourgmestre d'Amsterdam, Vening Meinesz, au visage creusé par les pensées. Ces portraits tout comme ceux de Viruly, l'ancien magistrat, qui se trouve aussi au Musée Boymans, de Mme Betz, du chevalier de Steurs, et tant d'autres encore témoignent de l'extraordinaire talent du peintre, mais aussi de la rare divination du physionomiste. Malgré le temps que lui prenaient les séances et le travail ardu que lui demandait l'achèvement de ces portraits, il ne

Le puddleur.

négligeait pas d'envoyer de ses œuvres aux salons d'aquarelles de *Pulchri Studio*, aux expositions de la *Société de Dessin Hollandaise*, et il peignait en outre quantité de tableaux de genre pour les expositions du pays et de l'étranger, qui se succèdent depuis quelques années avec une telle rapidité.

C'est surtout dans l'aquarelle que s'atteste la vigueur et la robustesse du talent de De Josselin De Jong. Il révéla ces qualités des le premier dessin qu'il envoya à une exposition de La Haye, où il fut aussitôt acquis par le peintre Mesdag. Qui ne se souvient de son *commis de bureau*, un dessin qu'il aurait pu traiter et reproduire au moins une centaine de fois, tant les amateurs en étaient férus, l'un autant et plus que l'autre, mais De Jong a pour principe de ne point se répéter ou de ne pas tirer, comme on dit, une seconde mouture d'une chose qui lui a réussi. Sa fantaisie et sa joie créatrice sont

si généreuses qu'il ne se lasse d'inventer de nouveaux motifs et qu'il estime
encore la vie d'un artiste trop courte pour exécuter tout ce que son inspiration lui conseille. A l'une des récentes expositions de *Pulchri* il montra un
Terrassier dans une pose inclinée, enfonçant la bêche dans la terre résistante;
un autre dessin représentait des *Lamineurs* au moment du grand coup de feu
de leur rude travail. Ces figures irréprochablement modelées, quasi sculpturales
au point de vue anatomique, suent en outre la réalité par la spontanéité et la
rondeur de leur geste; à tel point qu'on les voit bouger dans leur cadre. Et,
en contraste avec ces rudes figures athlétiques, voyez cette idylle à Sche/venin-
gue, ces trois ravissantes fillettes au coquet bonnet national. Quel esprit dans
la ligne et dans la composition!

Lorsque Josselin De Jong parvint enfin à réaliser son rêve d'un voyage à
Rome, il fut absolument possédé d'une rage de sculpture, de modelage et de

Déchargeurs de charbons en Angleterre. Aquarelle.

relief; fièvre excellente à laquelle on doit le buste d'un jeune Romain, et un
bas-relief représentant deux jeunes archers aussi classiques de style que superbes d'expression dans la musculature de leur dos et de leurs bras. Sans doute
le spectacle de l'œuvre des anciens n'aura pas été étranger à la genèse de
ces œuvres, mais les carnets de croquis de De Jong expliquent encore plus
clairement cette passion du muscle et des formes harmonieuses.

Il m'a été donné de parcourir quelques-uns de ces carnets. On y assiste à
la genèse des feuilles entières barbouillées de croquis et d'esquisses, où l'on
apprend à connaitre mieux qu'ailleurs la force créatrire du maitre. son amour
de la ligne et de l'expression du mouvement. Ces carnets contiennent des
essais au crayon ou au pastel de chaque portrait peint par le maitre. Il y a
des séries entières de ces essais, les derniers se rapprochant de plus en plus

de l'étude définitive; et le caractère du modèle s'accusant à chaque touche. à chaque trait. Ce sens exact de la personnalité de ces modèles chez notre peintre s'impose particulièrement dans une série d'études pour les portraits de députés aux Etats Généraux, par exemple pour ces figures si typiques de Heemskerk, Schaepman, Corver Hooft, Buma, etc. Non moins intéressants sont les carnets de croquis rapportés par le peintre de ses visites aux mines et aux hauts fourneaux de l'Angleterre, où il a fait une étude approfondie des manœuvres de force et dont il a tiré parti pour plus d'une maîtresse-œuvre. Dessinateur enragé comme il l'est, on comprend le plaisir qu'il a eu à illustrer quelques œuvres littéraires, par exemple Walewein de M. G. H. Betz.

Parmi les dernières productions du maître mon attention fut surtout requise par les fruits de son séjour de six mois à Rome où il s'imprégna littéralement de la vie sociale dans les *osterie* et dans la plaine, dans la Campagna et dans la rue, et d'où il a rapporté des trésors de croquis. Pour un grand tableau il a des études d'ouvriers italiens au cabaret s'amusant au jeu national et populaire de la *mora*. Il n'a abandonné les types qu'il croquait à diverses reprises qu'après avoir saisi leur geste dans tout son naturel. Pour une autre toile représentant *l'Enfant Prodigue* il a crayonné dans toute sorte d'attitudes, un gars du peuple, se traînant par terre, désespéré, et se cachant le visage dans la poussière. Tout, là-bas, le prenait, le ravissait: de jolies femmes aussi bien que des types de lazzaroni; de pittoresques vues de villes et l'apparat bariolé des cérémonies pontificales au cours desquelles, au Vatican, le pape bénit la foule, ou encore le cultivateur romain guidant sa charrue à bœufs à travers la terre aride de la Campagne.

De Josselin de Jong poursuit donc la tradition de cet „Hofje van Nieuwkoop" dont il a déjà été si souvent question dans ces notices. Lui, l'infatigable boute-en-train de la vie collective des artistes de La Haye, lorsqu'ils avaient encore leur local en ce petit hôtel, un chef-d'œuvre de Pierre Post, un architecte du XVIIe siècle, y a établi à présent son atelier. Il y préserve l'esprit qui y régnait aux temps où *Pulchri* y tenait ses cordiales assises. Intérieur riant et hospitalier que rehaussent de superbes gobelins, de savoureux bahuts, force études et tableaux parmi lesquels le portrait, déjà cité, de la mère du peintre. Là aussi on admire cette belle copie par De Jong d'un tableau de Jacob Maris représentant une famille italienne, et affirmant quel puissant coloriste ce Maris était à ses heures. Là se lisent les devises drôlatiques et rabelaisiennes adoptées par les peintres de La Haye pour leurs réunions gastronomiques, à côté de ce célèbre passage d'Horace: *pictoribus atque poetis quidlibet audendi semper fuit æqua potestas*, ce qui signifie à peu près que de tout temps il fut accordé aux peintres et aux poètes de s'attaquer à n'importe quel sujet.

Il me semble qu'il conviendrait d'ajouter: à condition qu'ils aient le talent pour s'en bien tirer. Et ce talent-là De Jong le possède au plus haut degré. Il suffit de se rappeler la diversité de son œuvre pour convenir que le *qui dibet audendi potestas* ne pourrait s'appliquer à nul mieux que lui.

S'intéressant de cœur et d'âme au mouvement artistique de son temps il a contribué avec une belle ardeur à la fondation du *Cercle artistique* de La Haye auquel on doit déjà tant d'expositions notoires aussi bien d'artistes néerlandais que de bons peintres étrangers. Il prit aussi une part active à la célébration du cinquantenaire de *Pulchri Studio*. On lui dut notamment la création d'un admirable tableau vivant représentant un paysage de l'antique Hellade, dans lequel un peintre montait au Temple des Muses, tableau qui fut unanimement admiré pour l'harmonie des lignes et des discrètes nuances. D'ailleurs les cercles d'art ne font jamais appel en vain à sa collaboration. Lorsqu'il fut question de décorer de fresques le local d'un de ces cercles, De Jong présenta un projet de composition symbolique représentant un jeune homme qui recevait aux fontaines sacrées le baptême de l'artiste.

Les archers. Bas relief.

Lorsque je visitai De Jong pour la première fois dans son *home* si artistique, il mettait la dernière main à son portrait à l'huile, grandeur nature, de S. M. la Reine Mère. Je ne parvenais pas à me figurer alors, comment il avait pu non seulement attraper si exactement la ressemblance extérieure, mais encore le caractère à la fois foncièrement bon et sérieux, l'aimable majesté de cette Princesse si populaire, et ce, comme si elle s'était trouvée en personne devant mes yeux. Plus tard, en parcourant des carnets de croquis, je tombai sur un dessin au crayon, en quelque sorte la première esquisse du portrait. C'est par là que le jeune maitre a commencé son œuvre. Il fit une étude à l'huile d'après ce dessin au crayon. Mais il ne commença à travailler au tableau définitif que lorsqu'il se fut parfaitement assimilé la radieuse et cordiale physionomie de son auguste modèle. Nous reproduisons parmi nos planches hors texte ce premier dessin au crayon.

On a constaté la minutie invariable et le même souci d'exactitude que De Jong apporte dans la facture de tous ses portraits. Mais, à vrai dire, les séances de pose lui servent à arrêter la rigoureuse extériorité physique et le

Une italienne. Etude à l'huile.

vêtement de son modèle. Avant qu'il soit arrivé à ce point, ses sujets ont déjà posé depuis longtemps pour lui et cela à leur insu. Il s'efforce de les étudier dans leur vie ordinaire, dans leur façon d'être, dans leurs habitudes de corps, et fait, pour commencer, une étude d'après leur tête, étude qu'il ne cesse

Le hersage dans la province de Drenthe.

de reprendre et de pousser à fond. Si bien que lorsque ses sujets commencent
à poser, le portrait est déjà achevé aux trois quarts.

Parmi toutes les jolies choses que je vis à l'atelier De Jong il y avait encore
une superbe eau-forte faite d'après le portrait de la reine Emma.

— N'avez-vous pas fait le portrait du roi Guillaume III?

— Parfaitement. La Régente me fit l'honneur de me confier cette tache.

Portrait de Mme P. de Josselin de Jong.

Le portrait à l'huile, grandeur nature, se trouve actuellement au palais de
Noordeinde. Peu de temps après le décès de S. M. je fus aussi invité à
peindre le masque du regretté défunt, sur son lit de mort. Je me rappelle encore
fort bien que le milieu de deuil, d'abattement et de douloureuse sympathie dans
lequel je me trouvai subitement, m'impressionna vivement. Je dessinai le
portrait en une heure et j'appris avec plaisir que je m'en étais assez bien tiré."

De Josselin De Jong s'est d'ailleurs montré très sobre de détails sur sa propre personnalité et sur son œuvre. Il n'en a parlé qu'avec plus d'enthousiasme de l'œuvre de ses grands contemporains qui malgré leur âge avancé tiennent encore si magistralement les pinceaux. Il souhaitait de posséder plus tard la même verdeur, la même robuste màturité afin de pouvoir exécuter tous les projets qu'il a encore en tête. Il se sent surtout attiré pour le moment par la lourde glèbe argileuse dans les provinces orientales, par les travailleurs frustes et les chevaux massifs qui s'adaptent si harmonieusement aux champs qu'ils labourent. Il a déjà tiré plus d'un beau tableau, grandiose de lignes et puissant par la composition, des études faites là-bas, dans les campagnes du Limbourg et de Drenthe.

Je me rappelle un tableau particulièrement sévère et plein de style, *Le repos à la campagne*, appartenant à Mme De Man—Calkoen, à Arnhem, qui le prêta récemment à l'Exposition rétrospective des maîtres Néerlandais de ces derniers 25 ans.

L'énergique personnalité du maître nous est garante qu'il pourra réaliser tous ses projets, pour la plus grande gloire de l'art Néerlandais. A toutes les grandes joies qui lui ont été dévolues, il faut ajouter celle d'avoir pu épouser en Mlle Juliette Kappeyne van de Cappelle, la compagne la mieux faite pour le comprendre et le guider sur les routes de la Beauté et de l'Idéal.

De Josselin De Jong dans son atelier.